体育の学びを豊かにする
「新しい学習評価」
の考え方

学習評価としての
コミュニケーション

鈴木直樹 著

大学教育出版

ことを明かしている。むしろそこで起こっている事象を支えているのは「意味A」ではなく、「根源」にある「意味B」の方である。

直感は、この「意味B」をとらえることによって「知る」を現実のものにする。これは単なる認識ではない。まして通常の「知る」ではない。

認識は通常の「知る」を「超越」との関係で、換言すれば「自己」の超越としての「知る」との関係でとらえることである。西欧哲学や形而上学はこのあたりのことを示して「超越論」と称している。「一般直感」としての「根源」がそこからは欠落していることの必然性である。

直感の要素としての上半分が「知る」を成り立たせている。西欧の哲学史はそのようなありようを形而上学と呼ぶ。そこからはあるはずの「没する」が排除されるから、つねに明らかで確かである。学問はそのような明らかな確かさの、つまり認識の上に成り立っている。論理であるにせよ、実証であるにせよそうである。

直感の要素である「自己」には前記のありようが含まれているから、直感分析における「知る」は前記のような「知る」、つまり認識が重なっているが、それが直感の要素であるかぎり「認識」と同じではない。その鍵を「意味B」が握っている。

前記したとおり「意味B」は「没する」を常態としている。その限りでは学は成り立たない。しかし、直感分析の出自の領域は学の場ではなく臨床の場であるから、その限りでは直感分析の「知る」にとって「意味B」は不要であるどころか、前記したとおり必要不可欠である。「意味B」こそが「没する」ありようにおいて「生きる」をあらしめている。

直感分析の「知る」を認識との関連で考察することは前記のことに尽きるものではない。臨床ではなく認識をきわ立たせることが必要である。前記のことは直感分析の「知る」の下半分のことである。それは形而上学の下半分にす

ぎない。

「意味B」における没していないありようとは、没しているありようの単なる否定としてあるのでもなければ、仮象してあるのでもない。また単に漠然と没してないありようをしているのでもない。それは〈存在〉の側、つまり「自己」からの視点である。

その証に、「意味B」は「自己」経由で「超越」へと向かい、超越論を形成するのに貢献しうる。それが一つの学への道である。

学は、西欧形而上学がとらえているように単に「意味B」から降ってくるだけのことでもなければ、数の主体によって成立するだけのことでもない。「根源」に出自をもつ「意味B」は「自己」経由で「超越」のものとなりうる。「意味B」は「自己」経由で「没する」ありようで「非自己」領域に現れている。それこそが「意味B」の〈存在〉を表象として残せば、それはそのまま学への道へと通じる。これはやはり前記の方法である。だが、「根源」が参加していることによって単なる学の方法とは違っている。

前記の方法とは別の方法が、直感分析の「知る」には属している。前記したように「意味B」はありようで「非自己」領域に現れているが、このような述べ方は「自己」領域との関連でのものである。そのことのうちに「表象関係」が前面に出ている。だが、ここで論じているのは直感の働きであり、「直感関係」のことである。

そこに「意味B」が没するにせよ現れるにせよ、「表象関係」はすでにあり、改めて「自己」領域を通過するのは直感余分のことであり、「意味B」をそのまま固定できれば「知る」にとって用は足りている。このような可能性は、直

はじめに

　筆者は、大学を卒業後すぐに小学校の教員になった。大学で競技スポーツに取り組んできた筆者は、「はやく・つよく・たかく」が体育における一番の価値であると考えていた。だからこそ、子ども達を鍛え、記録を高め、上手になっていくことを目指し、子どものそのような姿を見ることに教師の喜びを感じていた。そして、他のクラスよりも自分のクラスの子ども達の運動能力の高まりを実感する度に、一種の優越感さえ覚えていた。運動会のリレー、持久走大会、地域のスポーツ大会などに率先して参加し、休み時間や放課後、早朝の学校の始業前の時間を利用して練習させ、時には厳しくトレーニングさせることもあった。確かに彼らは、上手くなり、記録が高まっていった。そして、楽しさ、喜びを感じていたと思う。それは、その頃の筆者にとって教師のアイデンティティを確保していくための方法であったように思う。

　つい先日、大学生に成長した小学校6年生の時に指導していた学生に出会った。彼は、現在、陸上の競歩に取り組んでいて、それを筆者の指導のお陰だと感謝してくれた。教師冥利に尽きる言葉である。しかし、この言葉は、子どもたちの個性に応じた指導を行うことができていなかったのではないかという問いを筆者に抱かせる言葉でもあった。なぜならば、彼は、「先生に練習をさせられて、持久走大会で初めて10番以内に入ったことがきっかけで…」と語ったからである。それは、相対評価の中で、価値判断して、自分が優越感を感じる一つの手段として運動することを選択したと考えられるからである。本来、その子の力に応じて運動の楽しさに触れることが必要であると考えて指導してきたつもりである。しかし、筆者は、みんなに運動を楽しんでほしいと思い、指導をしながら、実は身体の優越性をなんらかの形で示すことによってクラス

の子ども達に運動の楽しさを感じさせてきたのではないだろうか。つまり、誰もがと願いながら、できる子をできない子の中で顕在化させ、できない子をできる子の中で顕在化させることに暗黙理につながっていたのではないかと思うのである。すなわち、運動に積極的に取り組む子とそうでない子の二極化を問題とし、その解消を目指していった取り組みが逆に、二極化を助長することにつながってきたことを自覚すらしてこなかったのではないかと自省している。

　このような筆者にとっての大きな転機は、小学校教師を6年経験した後に、県の派遣教員として大学院の修士課程に進んだことであった。そして、修士課程の2年を修了し、小学校の教員を続けながら、博士課程に進学した。1年間で、小学校教員から大学教員へと転身したが、修士課程を終えた後の1年間の体育授業実践はそれまでと明らかに違っていた。そして、それは、授業だけでなく、学級経営にもつながっていた。今までにないほど居心地のよい空間を生みだすことができ、これまで何かを与える教師であった身体が子どもとともにある中で、学び続ける身体へと変化し、教師と子どもの協働関係の中で教育を展開することができた。それまでも、教師と子どもの関係を垂直関係から水平関係にということをよく耳にしてきたが、身をもって、これを実感することのできた1年間であった。子ども達自身も同様であり、それは、その年に共に学んだ子どもの作文に顕著に表れていたように思う。

　次ページの作文を書いた子どもは、非常に運動能力が高く、体育の授業では、何をやっても1番で、まわりの人間からも一目おかれていた。市内陸上競技大会では100m1位、サッカー少年団ではエースストライカーとして市内の選抜チームで活躍してきた。中学校に進み、サッカーのクラブチームの大会で全国制覇をし、国際大会に出場するような子である。このような彼が、体育授業の中で、自分自身がサッカーのようなゲームを工夫して、我慢することなく、全力でゲーム特性に触れようとしていた姿は、筆者自身の体育の学習をみる目が変化したことによる、体育授業の変化によるからだと強く思う。また、このようなサッカーなどのボールゲームをすると、運動技能が低い子は、相手に勝つためには自分が参加しないことを状況の中で選択したり、ミスへの恐れからゲームの特性に十分触れることができなかったりすることも多々ある。と

> 　ぼくはサッカーの授業をやって今までにはなかった楽しみを味わうことができました。これまで5年生まで経験してきた授業では、リーグ戦を行い、勝利することが第一目標となることが多くありました。だから、自分でボールをドリブルしてシュートして得点を入れることでその目標を達成していました。しかし、6年生になっての授業はチーム内ゲームで、チームでゲームを楽しむことができるようにやり方を決め、チームを二つに分けてゲームをすることが基本でした。ぼくのチームは5人だったので、2対3でゲームをすることにしました。ぼくはMさんと二人でした。ぼくは女子が一人だけぼくと組むとやる気がなくなるかなあと思いました。しかし、Mさんは人一倍やる気がありました。なので、ぼくも安心していました。1試合目はぼくがドリブルをしてMさんが点をとる試合でした。2試合目はぼくがパスを出してMさんがドリブルをしてシュートする試合でした。Mさんはびっくりするくらい上手になっていきました。
> 　また、男子対女子でも試合をしました。男子はジャンボシュートリングがゴールで女子は普通のゴールを使います。結果は女子に負けてしまったけれど、とても楽しくゲームができました。これまで勝ち負けという結果ばかり気にしていたけど、ゲームそのものがとても楽しく感じました。これは、仲間と納得したやり方で自分たちにあった方法を使ってできたからだと思います。これまでは、サッカーというとぼくが少年団でやっているようなゲームをイメージしていたけど、今回のサッカーでは、「ぼくらだけのサッカー」ができたように思います。
> 　6年生の体育の授業は6年間で一番面白いサッカーでした。（平成16年3月　男子）

　ころが、運動能力の高い先述した子どもばかりでなく、運動するのが苦手で、休み時間も外へは行かず、教室内で遊んでいることが多かった子どもも、この授業をきっかけにして変化をしていった。それは、次ページの作文によく表わされている。

　私は、修士課程から一貫して学習評価について研究を続けてきた。そして、博士論文として「体育授業における『学習評価としてのコミュニケーション』に関する関係論的研究」を提出することができた。この作成をしていくプロセスの中で私はさまざまな授業と向き合い、教師と向き合い、子どもと向き合い、取っ組み合いの授業づくりに取り組んできたつもりである。そして、それは日々の評価の繰り返しの中で変化をしてきた。私が授業を変えることができたのは、「学習評価」という授業を見る切り口であった。この切り口を多くの研究者や実践者と共有し、よりよい授業実践の探求者でありたい、そんな願いによって作られたのが本書である。本書は筆者の博士論文をベースに作成して

> 私は、最初サッカーが嫌でした。私のサッカーの思いでは、ボールをぶつけて相手の子を泣かせてしまったり、失敗してせめられたり、そんな思い出ばかりだったのでサッカーが嫌でした。
> しかし、チーム内ゲームで班の人とやったので少ない人数でたくさん、そして楽しくゲームができたのでとてもよかったです。特に、これまでやってきたサッカーというルールにとらわれず、私たちのメンバーで楽しむことができるゲームになったのがよかったです。
> 私たちの班は、あまりルールを深く考えませんでした。横は無制限で、たてはゴールのところまでというルールでした。あとはその時々にメンバーで決まりごとを作っていきました。この横が無制限というところはとても面白かったです。私たちのチームにはとてもあっていました。
> 違う班との試合も、とても楽しかったです。最初に戦ったところには負けてしまいました。でも、2試合目と3試合目には勝ちました。4試合目には負けてしまいました。
> あと1試合残っています。今度の試合もがんばりたいと思います。(平成16年3月　女子)

いる。そして、それをできるだけ容易な言葉で短くわかりやすく伝えるように修正を行った。さらに、加筆も加えた。

　本書のタイトルでは、"新しい"とは言っているが、それは"当たり前"のことかもしれない。現状では、その"当たり前"を"当たり前"として、授業づくりで生かせていないのかもしれない。

　現代社会は、情報化社会の中にあり、スポーツがその中で「観るスポーツ」として大きな位置を占めるようになった。新聞紙上でも、人気のあるページはスポーツ面であり、スポーツ新聞も売れ行きは好調である。そして、これら新聞やテレビなどのメディアを通してスポーツイメージは形成され、それは、体育における「運動の学習」にも転移されてきているといえるだろう。このような中で、競技力の向上や運動技能の向上に置き換えられ、指導はできるようにすることにすり替えられてしまっているように感じる。体育授業は、「するスポーツ」と「観るスポーツ」の両面から捉えられる必要があり、それらに共通することは、運動の面白さを味わうということである。すなわち、指導は、子どもが運動の世界に主体的にかかわって味わうという意味においてなされなければならない。このことによって、"身"として生きる我々の生活を豊かにすることができるのであり、このような中で成果は、単なる獲得や向上ではなく、

変化としてのみとらえることができる。したがって、価値の値踏みとして学習評価を捉えるのでは限界がある。

　本書の内容に筆者は自信がある。それは、筆者自身が実践的研究者として、修士課程、博士課程と学校現場に身を置きつつ、研究を進め、3年間子どもと向き合って現実に体育授業を実践し、子どもの成長を実感して一教師、一研究者として取り組んできたからである。筆者は、筆者の学びの履歴を本書によって開いていくことで、教師や教師を目指している人に、単なる"伝道者"ではなく、プロの"教育者"になるためのきかっけをつくってほしいと願っている。本書はマニュアル本ではない。しかし、熟読し、思考しながら読みとおすことそのものによって、体育教師の身体を育むことができると信じている。

　読み終えた後で、子どもを見てほしい。そこに立つ自分が何か変わっていないだろうか。"私"は、他者がいてはじめて"私"になれる…。そのことを強く実感し、質の高い力量ある教師として子どもとかかわってほしいと切に願っている。

　なお、本書は、大学等の講義で利用できるように、「はじめに」と「おわりに」を含めて合計で、15のパートから構成されている。基本的には、学習評価に関連する書物ではあるが、学習評価を切り口にして、体育の授業づくりを考えることができるように、構成を工夫しており、体育科教育学関連の授業に対応できるものとなっている。教員養成及び教員の研修等で利用されるテキストになることができれば幸いである。

2008年1月

鈴木　直樹

体育の学びを豊かにする「新しい学習評価」の考え方
―学習評価としてのコミュニケーション―

目　次

はじめに …………………………………………………………………… i

第1章　体育における学習評価の現状と課題 ………………………… 1
　第1節　学習評価の歴史的変遷　1
　第2節　体育観の変遷における学習評価　4
　第3節　体育授業における学習評価の問題点　5
　第4節　本章のまとめ　8

第2章　「学習評価としてのコミュニケーション」にかかわる用語の定義
　　　　………………………………………………………………… 11
　第1節　「関係論」の定義　11
　第2節　「学習」の定義　14
　第3節　「コミュニケーション」および「かかわり」の定義　15
　第4節　「運動の意味」の定義　17

第3章　学習観の転換に伴う学習評価 ………………………………… 24
　第1節　関係論から学習を捉える必要性　24
　　（1）正統的周辺参加　25
　　（2）拡張的学習　26
　　（3）その他　26
　第2節　「かかわり合い」に着目した学習　28
　第3節　「かかわり合い」としてのコミュニケーション　29
　第4節　コミュニケーションと評価　30
　第5節　本章のまとめ　33

第4章　運動の意味生成過程の解明 …………………………………… 37
　第1節　展開構成上の学習評価の位置づけ　37
　第2節　運動の意味生成過程解明に向けての研究の取り組み　38
　　（1）M－GTA(修正版グラウンデッド・セオリー・アプローチ)の活用　38

　　　　（2）運動の意味生成過程を解明するための方法　39
　　　　（3）運動の意味生成過程に関わる概念の構築　41
　第4節　「感じる」を中核とした運動の意味生成過程　46
　第5節　本章のまとめ　49

第5章　体育授業における「学習評価としてのコミュニケーション」…… 51
　第1節　体育授業での評価の位置づけ　51
　第2節　教師の存在の重要性　53
　第3節　体育授業における「学習評価としてのコミュニケーション」の必要性　55
　第4節　体育授業における「学習評価としてのコミュニケーション」　56
　第5節　本章のまとめ　58

第6章　学習と指導と評価の一体化を目指して ……………………… 60
　第1節　「学習と指導と評価の一体化」を目指す学習評価　60
　第2節　解釈的パラダイムにおける学習評価　63
　　　　（1）学習観の立つパラダイム　63
　　　　（2）解釈的パラダイムにおける学習評価　65
　第3節　授業における学習評価の実際　68
　　　　（1）学習評価の機能保障　68
　　　　（2）学習評価の実践　68
　第4節　本章のまとめ　70

第7章　「学習評価としてのコミュニケーション」のコンセプト ………… 73
　第1節　授業場面の解釈　73
　第2節　学習評価の矛盾　78
　第3節　学習評価に関わる新しいコンセプト　79
　　　　（1）学習内容　79
　　　　（2）評価目標　80

（3）　評価の主体　　80
　　　（4）　評価の機能　　82
　　　（5）　評価規準　　85
　　　（6）　評価対象　　86
　　　（7）　評価のあらわれ　　87
　第4節　本章のまとめ　　88

第8章　「学習評価としてのコミュニケーション」と「目標にとらわれない評価」……89
　第1節　目標に準拠した評価の問題点　　89
　第2節　「目標にとらわれない評価」の定義　　94
　第3節　学習評価としての「目標にとらわれない評価」　　98
　第4節　本章のまとめ　　101

第9章　「目標にとらわれない評価」を生かした学習形態……104
　第1節　テーマ学習　　104
　第2節　ワークショップ形式の授業　　108
　第3節　本章のまとめ　　110

第10章　「目標にとらわれない評価」の実践上の手がかり……112
　第1節　「目標にとらわれない評価」のコミュニケーション　　112
　第2節　「目標に基づく評価」と「目標にとらわれない評価の相違」　　113
　第3節　本章のまとめ　　115

第11章　「学習評価としてのコミュニケーション」を生かしたワークショップ形式の体育授業……117
　第1節　生成的な学習を支援する評価　　117
　第2節　ワークショップ形式の授業の可能性　　119
　　　（1）　ワークショップ形式の授業導入の可能性　　119

　　　　（2）授業実践例の検討から　*120*
　第3節　授業実践の提案　*121*
　　　　（1）授業の構想　*121*
　　　　（2）授業の具体的実践案　*122*
　第4節　本章のまとめ　*128*

第12章　メディアポートフォリオの活用 ……………………… *129*
　第1節　新しい学習評価としての「メディアポートフォリオ」　*129*
　第2節　体育授業におけるオーセンティック・アセスメント　*130*
　　　　（1）オーセンティック・アセスメントとしてのポートフォリオ評価　*130*
　　　　（2）体育におけるポートフォリオ評価のデータ　*131*
　　　　（3）ポートフォリオ評価の種類　*133*
　　　　（4）新たなポートフォリオ評価の方向性　*136*
　第3節　体育授業でのメディアの活用　*137*
　　　　（1）動きの獲得のためのマルチメディアの利用　*137*
　　　　（2）マルチメディアの利用方法の転換　*139*
　第4節　メディアポートフォリオ　*140*
　　　　（1）メディアポートフォリオの特徴　*140*
　　　　（2）メディアポートフォリオの必要条件　*142*
　第5節　本章のまとめ　*145*

第13章　本書のまとめ ……………………………………………… *148*

あとがき ………………………………………………………………… *151*

第1章
体育における学習評価の現状と課題

第1節　学習評価の歴史的変遷

　今日行われている評価の歴史は1910年代から30年代まで盛んであったソーンダイクを中心とする教育測定運動に始まるといわれる。教育測定において「客観性」が重視され、客観テストや正規分布に基づく相対評価などといった技法が編み出された（梶田, 1993, p.29）。これは、それ以前の口頭試験（面接法）や論述試験といった方法において、採点者の主観によって大きく評価結果が異なってくる点が強く批判されたためである（長谷川, 1997, p.314）。この影響を受け、日本でも標準学力検査が発展し、教師作成の客観的テストが用いられるようになっていった（辰野, 2001, pp.22-23）。体育では1900（明治33）年にうまれたわが国初めての学籍簿の学業成績欄に「体操」と設けられて以来、成績として評価されている。

　しかし、1930年代になると、教育効果の判定も、客観的数量的に測定しうる面、すなわち知的学力だけでなく、教育目標に照らして全人的発達を調べることを重視するようになった（辰野, 2001, p.22）。タイラーは「測定から評価へ」というスローガンのもと目標の実現状況の確認を第一とする評価観への転換を強調したのである（長谷川, 1997, p.314）。戦後、わが国でもこのタイラーの行った「8年研究」の影響を受けた評価観が拡がっていった。当時の評価観の特徴について梶田は次の4点にまとめている（梶田, 2002, p.299）。

> ① 指導の結果に責任をとっていくためには評価が不可欠である。
> ② 評価の前提として指導の目標が明確化されなければならない。
> ③ 評価は全体的総合的な立場から継続的に行われなければならない。
> ④ 評価の結果は、目標や指導内容、指導方法の改善のために活用されなくてはならない。

このような評価観のもと客観テストだけでなく、質問紙法、論述式テスト、逸話記録法、観察チェックリストなど多様な技法の活用を考えるべきであることが主張された。しかし、実際には客観的科学的な測定が流行し、正常分配曲線に基づく5段階評価が一般化されたに過ぎなかったとされている（梶田, 2002, p.301）。

ソーンダイクらが主張した教育測定運動にしても、タイラーらが主張した評価にしても結果としての成果を値踏みすることが行われていた。つまり、学習の過程を評価することは問題とならなかったのである。体育においては学習の成果を体力から値踏みすることによって評価し、もともともっている体力まで含めて評価がなされることもある。したがって、指導の結果とは別の次元で評価が行われることがしばしばあった。

このような結果の評価からの大きな転換は1960年代以降、広く受け入れられるようになってきたブルームらによる形成的評価論から始まる。これは遂行過程における評価の働き（機能）を重視するものであり、評価した結果を学習者にどうフィードバックして活用させるか、また、教える側では個別的な対応や指導計画改善のために評価結果をどう活用していくかという工夫が必要だという発想に基づいている（梶田, 1993, p.29）。この考え方はわが国にも大きな影響を与えた。1970年代には学習の途中の段階で、小刻みに形成的評価を実施し、一人ひとりの総括的評価ができるだけ学習目標に近づくことを目標とする完全習得学習が強調されたのである（長谷川, 1997, p.315）。しかし、例え過程を評価したとしてもそれは学習の目標を小刻みに分け、その結果を評価するにすぎなかった。つまり、これまで批判された結果の評価のユニットを単に増やしたものであった。

したがって、学習や指導に評価が十分には生かされなかった。また、1969

(昭和44)年の学習指導要領の改訂を受けた指導要録では今まで相対評価のみでつけられていた評定に絶対評価が加味され、評価観の転換を迎えたともいえる。ところが、これも指導した結果を値踏みして子どもを価値判断する「ものさし」を変えただけで、学習や指導へ生かす点については不十分であった。

これらの反省から1990年代になると、教育アセスメントへ注目が向けられる。「アセスメントは、子どもの現在あるいは過去の成績を示すよりも教授と学習を支援するために用いられるべきである」(辰野, 2001, p.25) という主張である。そこで、オーセンティック・アセスメントが活用されるようになった。

オーセンティック・アセスメントとは量的基準よりも質的基準を重視し、実際に何ができるかを評価し、正確な科学としての評価を求めないものである(辰野, 2001, p.25)。このオーセンティック・アセスメントにはパフォーマンス評価とポートフォリオ評価、自己評価があり、体育授業では、グリフィンら(1999)がパフォーマンス評価を、梅澤(2002)がポートフォリオ評価の有効性を報告している。

これらの評価は「パフォーマンス向上を目標にしたゲームの授業であるにもかかわらず、スキルテストで個々人の技能のみを『できる・できない』という二項対立的に評価すること」(高田, 2002, p.121) を解決する上で有効であると考えられている。奈須(1998, p.29)はこのような見取りのアセスメントにおいて根拠となる事実を教室の現象のなかに指し示す必要を述べた上で、この主観は事実主義であり、日々のアセスメントとしての制度としては十分であるとしている。

また、2000(平成12)年12月に出された教育課程審議会の答申においても「評価を指導に生かしていくためには、単に数値化されたデータだけが信頼性の根拠となるのではなく、評価の目的に応じて、評価する人、評価される人、それを利用する人が、互いにおおむね妥当であると判断できることが信頼性の根拠として意味を持つ」と述べられている。このような評価観は客観性に依拠したものから関係性に依拠したものへの転換を示しているといえる。

第2節　体育観の変遷における学習評価

　戦前の日本において、体操では直接的には体操の技術を中心に教えられた（内海, 1995）。体育は「からだの教育」と考えられており、健康の維持増進、体力の向上をねらうものであったのである（宇土, 2000, p.2）。したがって、体育においては体力をある一定の尺度で基準づけて評価を行ったと考えられる。

　ところが、戦後の体育は「運動による教育」と転換し、「運動には健康や体力の維持向上に役立つ部分があるし、いっぽうまた頑張る心（強い意志）、緊張する場面での適切な判断、対人関係で必要なマナー、協力的な行動など、人間として必要な好ましい態度や行動のし方も同時に育てられる面も認められている」（宇土, 2000, p.3）という考え方を基調とした。ここでは、運動した結果どういう人間になったかが問題とされるために、運動が手段となり、評価も運動そのものではなく、その結果生まれた体力であるとか、技能であるとか、習慣であるといったものに対して目を向けることになる。したがって、運動の内容そのものが評価の対象とはならず、運動の結果としての成果をあげることに駆り立てられ、それが達成されたかどうかを評価すればよかったのである。

　1970年代に形成的授業評価が導入されるようになると、体育授業でも過程を重視した評価が叫ばれるようになる。しかし、完全習得学習に代表されるように、段階的指導における動きの定着を目指していた。したがって、トレーニング化された授業における系統的な運動学習になってしまったために、小刻みな形成的評価のようなものは行われていたとしてもそれは小刻みになった結果の評価であることに違いなかった。

　そして、1977(昭和52)年の指導要領は、体育観の大きな転換を背景に改訂された。この指導要領では「運動の楽しさ」が強調された。ここに「楽しさの享受」が盛り込まれたことにより、運動が手段から目的へとシフトすることとなる。加えて、評価も「結果の測定から過程の測定へ」、「間接的測定から直接的測定へ」と重視されるようになる（辰野, 2001, p.24）。

　しかし、体育では、できるとできないがはっきりした実技教科のために過程

を見逃されることが多く、問題解決へのアプローチが「努力」に還元されてしまうことが多い。したがって、過程の評価といいながらも過程は努力したか努力していないかで評価され、従来と変わらず、その結果として身につけた動きが評価対象となることが多かった。

また、体力テストに代表される間接的測定によって評価されることも多い。ドリブルやパスをテストしてサッカーの動きを評価したり、ボール投げによってソフトボールの評価をしたりスキルテストを用いることも多かった。しかし、これらは、競争という学習場面で直接学習内容を捉え、どのような力を発揮したのかについては評価するには不十分である。評価はこのような学習内容と矛盾をも引き起こしていたのである。直接的測定へ評価が変わることはこのような教育矛盾への問いでもあった。

このように「間接測定から直接測定」へと評価が転換されることは、子どもの個人差を踏まえ、評価を教育に生かそうという点では賛同できる。しかし、例え単元を多くの学習のユニットで細かく分け、直接、学習したことを評価したとしても、それは過程の中で評価された値踏みされた自分を自覚することによって、その価値を高めることに努力を迫られることに終始してしまうのである。

そのような反省から、近年では、オーセンティック・アセスメントが叫ばれ、体育授業でもパフォーマンス評価やポートフォリオ評価が実践されるようになってきた。しかし、未だに、このような実践例は数少ない。

体育観の変化に伴い、学習評価の考え方も転換してきた。しかしながら、実際に学習評価を運用する上では、その考え方の転換が十分になされていないのが現状である。

第3節　体育授業における学習評価の問題点

体育授業における評価は教師による学習者の評価に終始している現状が指摘されている（高田, 2002, p.119）。また、評価が運動技能の優劣に影響され、授業以外で獲得された技術や知識その他がその対象となることが学習評価

の問題として取り上げられている（高田, 1997）。これは、体育授業において運動技術指導を重視する傾向が強いために生じる問題と考えることができる。このような学習では、学習内容があらかじめ用意されていて、それを子どもに定着させるために、伝達型の授業がなされ、評価は達成度の確認として機能していた。また、この結果、運動技能の優劣によって序列化がなされ、技能の高いものが運動の得意なものとラベリングされ、そのことに動機づけられてますます活発に運動を行うようになり、一方、そうでないものは運動が苦手なものとラベリングされ、達成・向上することに運動する意味を見いだせずに、運動に対して消極的になっていく傾向にある。このような状況にあって、筆者は、「達成型指向から自己実現・自己表現指向への教育の転換」（細江, 1999, p.157）の立場を支持する。それは、子どもが運動に新たな意味を立ち上げることによって学習を生み出し、それを更新し続けると考えられるために、体育の目標を「技術や知識」の定着ではなく、「運動における自分なりの意味」の探求へと転換させるからである。そして、その運動に立ち上がる意味は、生涯にわたって運動に親しむ資質や能力を身につけるという観点からも、マズロー（1982）が述べるように、物的豊かさを外部に求める「欠乏動機」に基づく価値意識ではなく、自己の内部に意味を求める「差異動機」として考えることができる。したがって、「技術や知識」を定着していくことによって、運動の文化的な意味が統一的に獲得されるのではなく、子どもが運動と関わる中から状況に応じて、運動にその文化的な意味を子ども自身が立ち上げていくことが求められるのである。

　このような学習観にあって、評価は、技術の定着や技能の向上に向けての外発的動機づけとして機能するのではなく、自己実現に向けた内発的動機づけに機能しなければならない（細江, 1999, p.158）。つまり、評価は伝達型の教育では達成度の確認として機能してきたが、学習者である子どもが運動に意味を立ち上げ、同時に、他者とのあいだでその意味を交流させ、意味の組み換えをしていくことを支援するものとして位置づかなければならないのである。これは、「学習評価が、学習の結果を価値判断するものとして機能するのではなく、学習の連続の中で、教育性を発揮するものである」（鹿毛, 2000, pp.81-85；

梶田, 1994) と考えられるようになってきたことを示唆するものでもある。

　ところで、高い教育性は、学習と表裏一体となっている子ども自身が行う評価とその学習を支援する指導と表裏一体となっている評価が密接に関係し合い、一体となることによって生み出される。それは、子どもが学習に意味を立ち上げる上で、教師と協働関係にあることをも意味する。この関係において、教育性は、学習を支援するために働き、それはある区切りに提示される評価情報以上に、授業において不断に行われるコミュニケーションにおいて働くことが多い。それは、コミュニケーションが相互行為によって成立し、そこに互いに共有する分かちもつ何かを生み出すために（阿部, 2000；鯨岡, 1997）、分かちもたれた何かが評価として学習を支援するからである。したがって、学習と指導と評価の一体化はコミュニケーション行為に最もよく見いだし得るのである。そこで、コミュニケーションのある（対話的な）実践が求められるのである（鹿毛, 2000, p.114；里見, 1994；佐藤, 1995, pp.74-89）。このような考え方はドイツでも1970年代頃からコミュニケーション的教授学として提唱されてきた（助川, 2001, pp.12-15）。しかし、それは一般化されるまでには至らなかった（助川, 2001, pp.14-15）。なぜならば、伝統的な学習観に基づく教育とその教育に生み出された教育的意味の中に見えない抑圧があったからである。それは、今日の体育においても「体力を高めなければならない」とか「いろいろな動きができるようにならなければいけない」というような原則に支配されていることからも同様のことがいえる。そして、このような考え方をもとに、評価は何らかの基準から他者がその能力を値踏みするものとして位置づいていたのである。

　しかし、このような評価では、自己の能力に対する高い評価が得られる可能性が見える限りにおいては高い動機づけを維持するものの、その可能性を失うと無力感に陥ることがわかっている（佐伯, 1990, p.297）。だからこそ、「本人の内側からの、外界に対する解釈、外界と自己とのかかわりに関する関係の認識、あるいは、自己がそもそもいかなる存在であるかについての自己認識などが、支配している本人の自発的な動機づけ」（佐伯, 1990, p.296）と考えられる内発的動機づけが学習において大切な位置づけをもつ。評価はこのことに

作用しなければならず、価値判断よりも「いま―ここ」における自分と外的環境との関係にある意味を見いだすことが求められるのである。運動における意味を立ち上げ、運動世界を拓くということは内発的動機づけを高め、子どもが自分なりの意味を探求するプロセスにおいて運動を促進する教育的価値の高いものとなるのである。そこで、図1-1に示すように、これからの学習評価では、自分なりの意味を立ち上げ、学習を生み出していく必要がある。このような点に着目し、近年、かかわり合いを基盤とした学習に意味を生成する授業の必要性が主張されるようになってきた（細江, 1999, p.158；松田, 2001；岡野, 2001；田中, 2000；山本, 2000）。

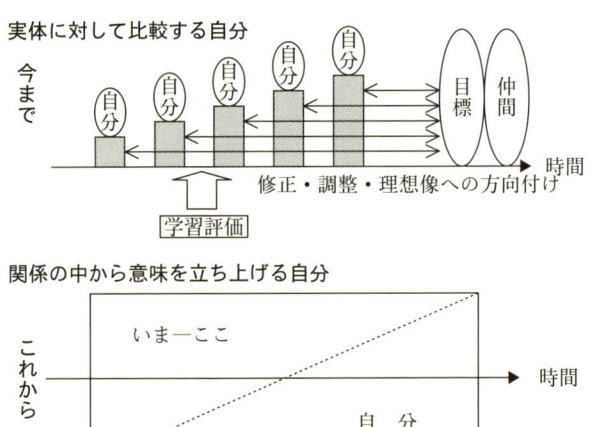

図1-1　学習評価の様態

第4節　本章のまとめ

本章では、体育が生涯スポーツと密接な関連を持ち、スポーツ活動に集う人びと同士が「私達のスポーツ」を生み出していけるようなスポーツ的自立を果たすことができるように評価が機能しなければいけないことを見いだした。そ

の上で、価値判断としての学習評価の問題点を指摘し、客観性から関係に依拠した評価が求められていることを明らかにした。これらの点を踏まえ、評価の教育性を高め、その働きを最も見いだしやすいのがコミュニケーション行為であることを提示した。そこで、コミュニケーションに内在した評価を「学習評価としてのコミュニケーション」とする。また、スポーツ的自立を目指し、子どもが運動における意味を立ち上げていくといった学習活動は、かかわり合いの中で創造・発見し、学習内容を生み出していくことから、これを関係論的な学習とする。これらの視点に立ち、本書では、「学習評価としてのコミュニケーション」をこれからの"新しい学習評価"としてとらえ、関係論的な学習という立場から体育授業に導入し、実践していくための手がかりを提示していきたいと考えている。

引用・参考文献

阿部潔（2000）．日常の中のコミュニケーション．北樹出版．p.26.
長谷川悦示（1997）学習評価の意義と目的．竹田春彦・高橋健夫・岡出美則編．体育科教育学の探求．大修館書店．
細江文利（1999）子どもの心を開くこれからの体育授業．大修館書店．
鹿毛雅治（2000）教育評価を考える．ミネルヴァ書房．pp.81-85.
梶田叡一（1993）教育評価の現代的動向と内面への着目．学習評価研究 NO.15．C.S.L学習評価研究所．
梶田叡一（1994）教育における評価の理論Ⅰ．金子書房．p.8.
梶田叡一（2002）教育評価（第2版補訂版）．有斐閣
鯨岡峻（1997）原初的コミュニケーションの諸相．ミネルヴァ書房．p.42.
リンダ・L・グリフィンほか著：高橋健夫・岡出美則訳（1999）ボール運動の指導プログラム—楽しい戦術学習の進め方．大修館書店．pp.200-201.
松田恵示・山本俊彦編（2001）「かかわり」を大切にした小学校体育365日．教育出版．
マズロー：上田吉一訳（1982）人間性の最高価値．誠信書房．P.218.
奈須正裕（1998）アセスメント手段の改善．加藤幸次・三浦信宏編．生きる力を育てる評価活動．教育開発研究所．p.29.
岡野昇（2001）モノと仲間との「かかわり」が楽しさを広げる．学校体育．第54巻第11号．pp.11-14.
佐伯胖（1990）動機づけ．細谷俊夫・奥田真丈・河野重男・今野喜清編：新教育学大辞典（第5巻）．第一法規出版．1990.

里見実（1994）学校を非学校化する．太郎次郎社．pp.58-77.

佐藤学（1995）学びの対話的実践へ．佐伯胖・藤田英典・佐藤学編．学びへの誘い．東京大学出版会．pp.74-89.

助川晃洋（2001）コミュニケーション的教授学における相互主体的関係としての「教育的関係」把握．宮崎大学教育学部紀要教育科学．第4号．pp.12-15.

高田俊也（2002）体育科の評価論．高橋健夫・岡出美則・友添秀則・岩田靖編著．体育科教育学入門．

高田俊也（1997）学習評価の観点．竹田清彦・高橋健夫・岡出美則編著．体育科教育学の探求．大修館書店．p.323.

田中聡（2000）関わり合いを重視した「基本の運動」．体育科教育．第48巻第4号．大修館書店．pp.35-37.

辰野千壽（2001）学習評価基本ハンドブック（改補増訂）．図書文化社

内海和雄（1995）体育科の「新学力観」と評価．大修館書店．p.50.

宇土正彦（2000）教育のなかでみる体育授業の基本的特徴．宇土正彦・高島稔・永島惇正・高橋健夫編著：（新訂）体育科教育法講義．大修館書店

梅澤秋久（2002）体育でのポートフォリオ評価．体育科教育．第50巻第9号．大修館書店．pp.30-33.

山本俊彦（2000）これからの体育の授業—関わり合いをキーワードに—．こどもと体育．通巻115号．光文書院．pp.22-25.

第2章
「学習評価としてのコミュニケーション」にかかわる用語の定義

第1節 「関係論」の定義

　第1章では、子ども達が運動における意味を立ち上げていくといった学習活動が、かかわり合いの中で創造・発見し、学習内容を生み出していくことから、これを関係論的な学習とした。ここで述べるところの関係論とは、関係性に基づくことを意味しているといってもよい。

　例えば、アン・ホール（2001）は、スポーツをジェンダーや階級や人種関係などを含む社会的な諸関係の1つの文化的表れとして捉え、これを出発点に分析を行い、これを関係論的分析として定義している。また、山本（2000, p.23）は、運動やスポーツが、「さまざまな人間的欲求に根ざした直接体験の世界であり、人間がその全身と五感をフル動員して参加し、相互に交流し合うなかで意識的にも無意識的にも自己の経験を解釈し、組み替えていく空間」としてあり、運動の楽しさは、「運動やスポーツの場におけるさまざまな他者や環境との相互作用や関係性のなかに生まれるもの」と述べる。つまり、運動は関係として成立し、運動の楽しさは関係の中で生成されると考えられる。したがって、このことから、関係論とは、体育における運動という学習活動が関係による文化的な表れとして捉える立場に立つものといえよう。さらに、藤岡（2000, p.31）は、学習主体において、「ひと・もの・こと」や、その相互関係の全体として意識される総体を世界とする。そして、「子どもは、教育者のかかわりへの意志のあらわれとしての援助のもとで、世界の生成に参加しその諸力を経験する。その経験そのものが自分にとっての意味である。このようにし

て自分を全体的人格的統一体として、すなわち個性的として生成するのである。教育者はその過程に自ら入り込み、援助し促進する中で、自らも全体的人格統一体として生成している。」（藤岡, 2000, p.31）と述べる。つまり、藤岡（2000, p.31）は、世界が教育すると主張するのである。すなわち、藤岡の主張は、授業における諸要素の関係の総体そのものが、学習を形成すると考えることができる。加えて、上野（1999, pp.126-127）は、いわゆる学習者や指導者といった授業におけるメンバーが、すでに与えられた単一のコンテキストやコミュニティに参加しているのではなく、いくつかのコンテキストやコミュニティの相互的な組織化や過去と現在の相互的構成の中で仕事をしており、このことから学習とは、個人の中に何かができあがるといったことではなく、さまざまな相互的構成の中に見て取れる何かであると述べる。つまり、授業における諸要素は互いに独立しているわけではなく、相互に働きかけ、働きかける存在として相互的な関係性の中にある。すなわち、授業における自己は、他者やモノによってはじめて自己となるし、他者も自己やモノによってはじめて他者となる。モノについても然りである。結局のところ、実体として成立しているものなどなく、すべては関係の中で相互構成物として意味を帯び現象化すると考えられるのである。佐藤（1997, p.25）もまた、「学びが学びとして成立する要件は〈出会い〉と〈対話〉だろう。『勉強』ならばなにごとにも出会わず、なにごととも対話しないでも遂行することができるが、モノや他者や自己との〈出会い〉なしに『学び』は成立しないし、モノや他者や自己との〈対話〉をふくまない『学び』は存在しない。私たちは何か（だれか）との〈出会い〉を起点として、何か（だれか）との〈対話〉をとおして、私という存在をかたどり世界をかたどる経験の軌跡を創出できる」と述べる。佐藤の主張からも読み取ることができるように、学習とは、関係性によって成立するものといえよう。したがって、学習内容を実体性のあるものとして伝達し、それを定着させていくことを学習と考えるような実体論に対し、このような関係性の中で学習をとらえていく立場を関係論とする。

　これを一般的な学習の概念の中で捉えると以下のようになろう。

　藤岡（1997, pp.6-11）は、学習を「行動の形成としての学習」と「意味の

形成としての学習」と「アウェアネスとしての学習」に整理して考えている。そして、「行動の形成としての学習」は、一定の刺激から一定の反応を生起させる機構である行動主義としての学習、現実や意味は主体の意識が構成すると考える構成主義としての学習、人間のなかに新しい情報処理の構造をつくりあげていくと考える情報論としての学習、認知行動は個人の頭のなかにある目標、計画、知識に基づく営みではなく、その人をとりまく状況に応じた行為の集まりであると考える状況的学習として考えられる（藤岡, 1997, pp.6-7）。行動主義としての学習はSR連合により、説明されるが、ここで問題とされるのは実体としての刺激と実体としての反応である。単に知識を詰め込む、技術を獲得するといった考え方は行動主義としての学習といえよう。このようなSR連合に基づく学習は、近年、批判され、単に、刺激―反応だけでは学習が説明できないことは明らかになっている。一方、構成主義としての学習、情報論としての学習、状況的学習のどれもが、授業における相互作用という関係性の中で行動を形成していくと考えられる。すなわち、関係として行動を形成するのであり、行動主義とは立場を異にしている。

　また、「意味の形成としての学習」は、学習は個人的な意味の発見あるいは主体における意味形成として定義される学習する主体が経験していることを重視した学習観と現象的場は常に自己との関連でできあがっており、自己とはその場の他のすべての認識に影響しかつ影響されている（＝相互性）一つの認識の体制であると考える学習に分類される（藤岡, 1997, pp.7-9）。この「意味生成としての学習」は、場に依存しており、学習者の学習における意味の生起は相互性によってのみ保障されるといえよう。したがって、これは、関係性の中でのみ可能な学習といえる。

　さらに、「アウェアネスとしての学習」は、概念化、解釈、評価といった、いわゆる「考える」ことが侵入してくるまえに、世界のリアリティを直接経験すること、子どもが知識を発見し、また発見した知識を真実であると認めるのは経験を能動的に形成、あるいは統合すること（暗黙知）によってであるということ、「知る」ということは、「何であるかを知る」と「やり方を知る」という両方の側面があるということの3つに分類している（藤岡, 1997, pp.9-11）。

この「アウェアネスとしての学習」では、かかわりによって生成された世界の知覚が問題にされるし、経験を能動的に形成したり、統合したりすることは、自己の内側に関係性の中で知を生成することでもある。さらに、「知る」という2つの側面もその存在は、関係性によって明らかになるのである。つまり、学習とは、実体的なものではなく、関係性に基づいて捉えることが可能となる。

このように関係論という立場は、基本的に、授業における諸々の要素との関係性によって文化的に現象化させるという立場に立つ。したがって、関係論的な学習といった場合、関係性によって明らかになる学習を指し、関係論的研究といった場合、関係性に依拠した研究の立場を示す。

第2節 「学習」の定義

広辞苑（第5版）（1998）によると、「学習」とは、「過去の経験の上に立って、新しい知識や技術を習得すること。広義には精神・身体の後天的発達をいう。」とある。一方、「学ぶ」とは、「①まねてする。ならって行う。②教えを受ける。業を受ける。習う。③学問をする。」とある。佐伯（1995a, pp.2-4）は、「『学ぶ』というと、いかにも学び手自身の主体的な営みのようだが、『学習』というと、学習者自身の主体的な営みというよりも、学習者の営みを第三者的な立場から観察しているような感じがする」と述べる。そして、「学習」といった場合には、悪い行動形成をも指すのに対し、それを「学ぶ」とは言わないことから、「学ぶ」といった場合、学び手にとって「よくなる」ことが意図されていると主張する（佐伯, 1995a, pp.2-4）。また、藤岡（1997, p.7）は、人間の認知構造の比較的短期の小さな変化が学習であり、長期的な大きな変化が発達であると述べる。学校教育において学習と指導は対の言葉として用いられることが多かった。つまり、子どもが学習し、教師が指導するのである。この言葉に含意されているのは、子どもは未熟なものであり、教師は成熟したものとして、教師がもっている「知識・技術」を伝達する営みとして指導があり、それを獲得しようとする営みとして「学習」が存在していたことになる。それ

ゆえに、例え、能動的に獲得をしようとしていたとしても、獲得するものは教師の手中にあるために、強く受身的な印象を受けるのである。しかしながら、子どもも教師も成長していく学び手である。したがって、指導でも学習でも「学び」は成立している。すなわち、松下（2000）は、「『学習』と『学び』を対比的にはとらえていない。『学習』は、『学び』も含む包括的な概念として扱われている」としているが、逆に「学び」が、指導や学習といったことをも包括する概念として考えることができよう。このような立場に立ち、本書では、「学び」とは、意図的主体的に授業に参加する経験における変化と定義する。そして、子どもの「学び」を「学習」、教師の「学び」を「指導」として捉えることとする。例えば、本書において中心テーマとされる「学習評価」は、「子どもの学びの評価」と解釈することができる。この評価者は、子どもでも教師でもある。そして、ここで指す「学習」は、佐伯のいうような受身的なものではなく、「学び」という主体的な営みであり、それが学習者としての子どもの「学び」を指すということである。

第3節 「コミュニケーション」および「かかわり」の定義

　本書は、「関係論」に依拠している。そこで、関係性を示す用語として「コミュニケーション」と「かかわり」を多用している。コミュニケーションとは、一般的に情報の伝達として用いられることが多い。もちろん、Aの気持ちをBに的確に伝えるということもコミュニケーションの一形態である。しかしながら、Aの気持ちがBに上手く伝わらなかったとして、そこでBがAの気持ちを察しようと働きかけようとしたり、Aがなんとか情報を伝えようとしていたりすれば、二人は、ズレを共有しながらコミュニケーションを行っているといえよう。つまり、コミュニケーションとは、単にあるものを相手にトランスポートするものではない。対他関係の中において、何事かを共有し、互いに働きかけ、働きかけられつつ、関係性としての何事かを共有しつつ、その関係性の変容によって私がその場に共にあるということであろう。したがって、コ

ミュニケーションとは、対人のみならず、対物としても成立しえる。ギブソン（1985）は、モノにはすでに情報があり、それを知覚することで行動が誘発されていることをアフォーダンスと述べている。アフォーダンスとは、人がモノを知覚する中で、人がモノに働きかけ、モノが人に働きかける中で、関係性としての何事かの情報の共有が起きると考えられる。このことによって人は変容し、モノの知覚も変容する。したがって、関係性そのものも大きく変容していく。そして、これは、個々人によって違うものとなる。すなわち、モノの意味性と人の意味性は、対物としてのコミュニケーションによって規定されていくといってよかろう。このことは、単に情報を伝達し、伝達されるというレベルを超えた知覚的なコミュニケーションといえよう。本書では、このように広義にコミュニケーションを捉えていく。このコミュニケーションでは、働きかける、働きかけられるということが必ず伴う。それが一方であるときを本書ではかかわりと述べ、双方向に働く場合をかかわり合いと述べている。すなわち、以下の図のように、かかわりやかかわり合いは、コミュニケーションの一部分と捉えている。

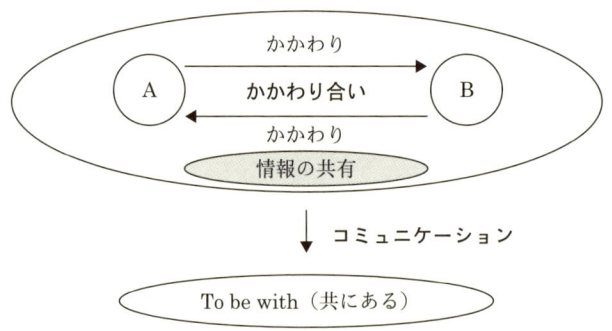

図2-1　「コミュニケーション」と「かかわり合い」

体育では青木（1997）が指摘するように、身体全体として直接的にかかわる教科としての独自性を持つ。つまり、身体全体でかかわり合い、学習を生み出しているといえる。そこでは、一般的に、子どものかかわりを生む上で、まずモノに心を開くことからはじまるといわれている（細江, 1999, p.189）。ま

た、学習は、異空間において「異質な他者に出会うことによって自己を織り上げていく営み」(高橋勝, 2002)を内在化している(高橋勝, 2002)。すなわち、他者やモノとの出会いから運動の世界に変化を与え、運動する意味や価値を見いだしていくと考えられる。これは、「子どもが、さまざまな他者・自然・事物と〈かかわりあう〉なかで徐々に形成されてくる意味空間であり、相互に交流しあう舞台である」(高橋勝, 2002)自己生成空間といえる。

そこで、これまでの検討から、本書では、「かかわり合い」を自己形成空間において、運動に意味付与する関係性が現象化されたものと定義することにする。

第4節 「運動の意味」の定義

授業は、さまざまな要素の関係の中で成立するものであり、状況と文脈によって変化していく。それぞれの要素は、独立しているものとして点在しているものではなく、結びつきあい、相互作用しあう中で授業が成立している。また、授業では、個々人の学習が社会システムとして相互浸透しあっており、これを通常、相互作用と呼んできた。つまり、授業は、これらの学習者に代表されるさまざまな要素の集合とその相互関係の全体と考えることができるので1つのシステムといえる。

ところで、関係論的な学習では、学習を自己変容における自己組織化のプロセスという「自己が自己自身に言及し、自己を再構成しようとする活動」(蘭, 1999, p.3)、すなわち、オートポイエーシスの概念によって捉えることができる。また、オートポイエーシスというシステムの基本的な性質として、「個体性」、「単位体としての境界の自己決定」、「自律性」、「入力・出力の不在」があげられる(山下, 2004, pp.31-44)。

学習者は、自分自身で自分でないもの(他者やモノ)と区別し、学習によってどんなに変容しようとも同じ自分であり続けるといった意味で「固体性」という性質をもつ。また、学習している自分は、それが一まとまりであり、その

産出プロセスを部分に分けることはできない。そういった意味で、学習者は、単位体であり、自分自身で自分以外のものと区別するために、自分が自分でないものと接する境界を決めるので、「単位体としての境界の自己決定」としての性質をもつ。さらに、学習者は、外からいろいろな影響を受けるが、最終的に変化させていくのは学習者自身に他ならない。したがって、学習者は、「自律性」としての性質をもつ。その上、学習するというシステムはそれ自身で変化しているので、入力や出力しているとはいえない。あくまで、産出したものは、閉ざされたシステムの内にある。すなわち、学習者そのものをオートポイエーシスというシステムから捉えることができる。

　このような前提に立ち、以後、意味に関し、システム論的に検討を行うこととする。

　クニールら（1995, pp.88-89）は、ルーマンの社会システム理論の考察の中で、意味の本質とは、現実性と可能性との区別にあり、「意味というのは、現実性と可能性との区別を不断に構成し、継続的に可能性を現実化することなのである。現実性の核心は不安定だから、不断に新たな選出ないし選択が行われなければならないことになる。これは、そのときどきに現実化されたものが、それにつながるさらなる可能性を指し示すという仕方で行われる。そのときに選択されなかったつながりも依然として可能性をもち続けており、のちの時点で現実化されることもある。」と述べる。この主張は、意味は価値に置き換えられるものではなく、「いま―ここ」の私を新たなる可能性に向けて再構成していくものであることを示唆しているといえよう。そのため、意味によって社会的相互作用は継続していく。すなわち、思考内容ないし表象を産出する心的システムやコミュニケーションを継続的に生産する社会システムにおいて、意味は拒否されえず、どこまでいっても意味を指し示すのである（クニール, 1995, pp.66-94）。

　また、意味について、フランクル（2002）は、人間はその本質として生きる意味を求め、生きがいを求める旅を続けていると主張する。佐伯（1995a, p.9）も、学習とは、「自分探し」であり、自分とは何者であるかが自覚的に明確になるというアイデンティティ形成であると述べる。佐伯（1995b, pp.10-

12）は「自分探し」を「なりたい自分を見つけること」と述べている。つまり、現実と可能性の区別による意味によって自分自身を自覚的に探し求めていくことといえよう。そして、探し求めていくことそのものが、学習として表出すると考えられる。さらに、藤岡（2000, p.55）は、「生きて動いていく授業は外部からの統制やあらかじめプログラムにもとづくことなく、自分が自分で解釈しながら変化していく過程をその内に埋め込んで展開している」と述べ、学びは「ひと・もの・こと」にかかわり、その経験を自分で意味づけ、経験の成熟を図っていくことであると主張する。これらの主張から考察すると、意味が経験によって生成され、その経験をより豊かなものにし、そしてその状況の中でさらに意味を生成していくという連続性の過程で自己のアイデンティティ形成の中核となりえるという帰結を得ることができよう。それは、大澤（1994, pp.129-130）が、あらゆる存在者（あらゆる事物・事象）は、認識者に対して、「なにものか」として同一性を帯びて現象しており、このような同一的な「なにものか」を存在者の「意味」と呼ぶと規定していることからも明らかである。

　これは、高橋（1992）が、経験とは、ある事物（実在）を、感覚、知覚を媒介にして、脳にまで反映させることではなく、人間が生活環境とかかわりつつ（相互作用しつつ）ある意味世界を不断に構成しつづけていく営みと述べることからも明らかである。すなわち、意味とは、経験を通し生成され、オートポイエーシスという学習のシステムを継続させていくものといえるであろう。

　また、大澤（1994, p.106）は、意味の本質をルーマンがいうように現実性と可能性の差異に求め、体験の中で常に可能性を提供するために選択において否定されたものを維持しつづけると捉えるならば、「出来事の可能性の現実化しうるものへの縮減は、ただ出来事の可能性の過剰な生産を伴ってのみ、実現される」というような複雑性（可能な出来事の総体）の縮減による複雑性の増大という矛盾した結論を生むと述べる。つまり、意味は、縮減されることによって現実化するのであるが、可能性を現実化していくことは同時に、新たな選択あるいは選出される意味が増大していくということでもある。また、大澤（1998, p.107）は、意味が、「自らの否定に対する示差的な関係の内におかれており、自らの内に、自己に対する差異＝異和を内包していなくてはならない。

すなわち、意味は、一方で、縮減された単一性であり、他方で多様な複雑性への参照を自ら自身の内に含まなくてはならない」と述べ、「存在者を特定の意味によって同定することは、他の可能的な意味を背景化する一種の選択として、実現されているということ、しかし、まさにそれが選択である限りにおいて、その特定の意味とその否定を含む二項的関係が、選択可能な選択肢の一種のリストの如きものとして、保存されていなくてはならない」(大澤, 1994, p.105)と述べている。つまり、複雑性の縮減と複雑性の増大という中に身を置き続け、現実として解釈されている世界における運動の意味は常に肯定と否定のあいだにある。そのことによってのみ、可能性に向けた新たな意味を付加していくことへとつながっていくのである。そのため、行為しているものは常に可能性に向かいつつあり、現実を超えようとしつつある。すなわち、現実性と可能性の差異というあいだにあり、現実を生きる自己は、ある複雑性を縮減するとともに、ある複雑性を増大させることによって、行為を続けていくのである。

　ところで、西原(1998, p.112)は、「現実はひとつではない」というシュッツの多元的現実論が、「現実とはつねに解釈されたものである」という視点であると述べる。また、西原は、シュッツが現実を構成しているのは、「諸々の対象の存在論的な構造ではなくて、われわれの諸経験の意味」(シュッツ, 1962)としていることから「多元的現実」[1]を「限定的な意味領域」としている(西原, 1998, pp.112-113)。そして、西原(1998, p.114)は「諸々の意味領域や『科学的現実の世界』が生成・展開される場はコミュニケーションと身体的なやりとりが成立する『日常生活の世界』において他にはない。身体運動を伴う相互了解行為が可能な相互交渉の場であり、一切の意味発想や意味生成の場であり、それゆえにこそ『相対化』の場でもある狭義の『日常世界の現実』は、その限りで『至高の現実』であり、あらゆる現実経験の祖型である。」と述べる。ここでは、「日常生活の世界」におけるかかわりによって、諸々の意味領域や「科学的現実の世界」を生成・展開しているといえるので、「日常生活の世界」を学習と捉え、諸々の意味領域や「科学的現実の世界」を学習内容と捉えることができよう。したがって、授業では、かかわりを通した諸経験

とその意味の解釈によって、学習しているという事実が生成される。すなわち、それは解釈された現実であるがために、常に可能性を内包している。

　以上述べてきたことから考えるならば、運動という行為は経験を通し、現実性と可能性の差異に意味の本質があり、その意味によって、運動することが継続されていく。そのような学習の中で、学習者は、何らかの意味を帯びつつ、複雑性の縮減とともに、複雑性を増大させながら、意味を算出し続ける。それは、授業システムにおけるさまざまな要素の相互作用によって意味が見いだされて、学習という現象が表出するということでもある。したがって、運動の意味とは、運動している「いま—ここ」の現実から抜け出し（自己を内破していくようなエネルギー）、運動することの可能性を新たに現実のものにしていくような自己組織化のプロセスにおける、現実性と可能性の差異といってもよかろう。すなわち、運動の意味は、授業という場において「いま—ここ」で運動している自己の存在を根拠づけ、運動にかかわっている意味を自己組織化のプロセスにおいて産出すべきものであろう。つまり、学習者は、運動の意味を生成しながら、運動する渦中に身を置き続ける。そして、運動へかかわる自己が、かかわり合いの中で運動の意味を生成し、固有の文化領域として形成していくのである。

　したがって、固有の文化領域として形成されたものが学習内容といえる。これは、意味が現実性と可能性の差異に本質を持つことによって、現実化されてきた履歴として位置づいていく。したがって、教師や子どもが運動の意味を解釈し、それを言語化するなどして表出させたメタファーが単に、現実化した事実の置き換えにとどまってしまっては、現実性と可能性の差異に運動の意味を見いだすことを困難にしてしまう。それゆえに、運動の意味の解釈には、可能性に向けた新たな意味を付加していくことが求められる。それは、矢野（1996, pp.108-110）が「メタファーはパラドックスからの跳躍であり、そのため、生きたメタファーはさまざまな意味産出の地平（新たなクラス）を引き寄せる、多義的で確定不可能な意味増殖をなすのである」と示唆していることからもいえよう。すなわち、運動の意味とは、運動している自己を顕在化させ、運動するという自己が他者やモノとのかかわりのあいだに意味を連関さ

せ、自己という存在を授業において明らかにするものと定義できる。また、このように運動している自分の存在証明の如く意味は不断に生成され、授業における「自分探し」としての学習の基礎となる。

注
1) 西原（1998, p.113）は、「現実」の多元性には、次の5点があると述べる。①各人の経験内での現実の多元性、②各人の間での現実の多元性、③各人と各集団・各共同体の間での現実の多元性、④各人が含まれる各集団・各共同体の間での現実の多元性。

引用・参考文献
アン・ホール：飯田貴子・吉川康夫監訳（2001）フェミニズム・スポーツ・身体．世界思想社．pp.23-62．
蘭千寿（1999）変わる自己 変わらない自己．金子書房．p.3．
青木眞（1997）「めあて学習」再考の視点．体育科教育45（4）．大修館書店．p.24．
ギブソン：古崎敬・古崎愛子・辻敬一郎・村瀬旻訳（1985）生態学的視覚論―ヒトの知覚世界を探る―．サイエンス社．
フランクル（2002）山田邦男監訳：意味への意志．春秋社．
細江文利（1999）子どもの心を開くこれからの体育授業．大修館書店．
藤岡寛治（2000）関わることへの意志．国土社．
藤岡寛治（1997）学校を見直すキーワード．鹿毛雅治・奈須正裕編著：学ぶこと教えること．金子書房．
広辞苑（1998）第5版．岩波書店．
クニール・ナセヒ（1995）舘野受男ら訳：ルーマン社会システム理論．新泉社．
松下佳代（2000）「学習のカリキュラム」と「教育のカリキュラム」．グループ・ディグダクティカ編：学びのためのカリキュラム論．p.43．
西原和久（1998）意味の社会学．弘文堂．
大澤真幸（1994）意味と他者性．勁草書房．
佐伯胖（1995a）学びへの誘い．東京大学出版会．
佐伯胖（1995b）「学ぶ」ということの意味．岩波書店．
佐藤学（1997）学びの身体技法．太郎次郎社．
シュッツ（1962）Collected Papers, I：The problems of Social Reality, Nijihoff．（渡部光・那須壽・西原和久訳）『シュッツ著作集第1巻 社会的現実の問題［I］』マルジュ社，1983：渡部光・那須壽・西原和久訳）『シュッツ著作集第2巻 社会的現実の問題［II］』マルジュ社，1985）．p.230．
高橋勝（1992）子どもの自己形成空間．川島書店．pp.93-121．

上野直樹（1999）仕事の中での学習．東京大学出版会．
山本俊彦（2000）これからの体育の授業―関わり合いをキーワードに―．こどもと体育．通巻115号．光文書院．
山下和也（2004）オートポイエーシスの世界．近代文芸社．pp.31-44.
矢野智司（1996）ソクラテスのダブル・バインド．世織書房．

第3章
学習観の転換に伴う学習評価

第1節　関係論から学習を捉える必要性

　学習は、一人だけの出来事ではなく、他者やモノとのかかわり合いによって生み出されるものであることをこれまで述べてきた。その点に関し、里見（1994, pp.119-130）は、学習を「他者とともに世界をつくる」と述べ、佐藤は、「学びが学びとして成立する要件は〈出会い〉と〈対話〉」（佐藤, 1997, p.25）であると述べる。また、美馬と山内（2005, pp.149-189）は、学習にとって必要不可欠なものとして「共同体」を取り上げている。すなわち、学習という出来事が生み出される上で、何かと出会い、何かと対話していくかかわり合いとしての共同体は、その根幹をなしていると言ってよい。近年、学校教育では、自ら学び自ら考える力などの「生きる力」の育成が求められている。この「生きる力」は、英語で"Zest for Living"と訳されるが、直訳すれば「生きることへの情熱」と訳すことができ、「いま―ここ」での私が生きる（「いま―ここ」にある）ことへの熱意と置き換えることも可能であろう。すなわち、学習という出来事には、私が学習することへの深い納得と了解に基づき、他者やモノとの出会いを通して、学習に意味を生成することが重要である。それが体育で言えば、運動の意味生成ということになろう。
　このように、共同体における学習が強調され、正統的周辺参加、拡張的学習、プロジェクト授業（行為する授業）、組織間学習などが主張されるようになってきた。以下、それらについて考察を加えることとする。

（1） 正統的周辺参加

美馬と山内（2005, pp.154-168）は共同体における学習として正統的周辺参加論に着目している。正統的周辺参加という概念は、レイヴら（1993）によって提唱され、『授業研究；重要用語300の基礎知識』によれば、以下のように説明される。

「学習を社会的・文化的実践にとって必要不可欠なものとしてとらえ、学習を個人の頭のなかに位置づけるのではなく、共同参加の過程のなかに位置づけた。すなわち、学習を社会的・文化的実践への『参加』形態の変化としてとらえ、その過程を『正統的周辺参加』と呼んだ。この正統的周辺参加が意味するのは、個人は共同体において積極的に参加することによって文化的所産であるところの知識を獲得していくことができるのであるから、個人が共同体に参加することは、当然のことであり、正統的なことだということ、さらに個人の共同体への最初の参加は、周辺的で部分的なものであるけれども、徐々に十全的参加（full participation）へと移行するものであるということである。」（菊藤, 1999）

岡野（2006）は、この正統的周辺参加を手がかりとしながら、体育授業の構築における単元構成について論じ、それは「有意味な運動の世界」でなければならないとまとめている。また、上野（1999）は、「初心者から熟練者に至るステップ的な道筋」であるとか、「周辺参加から十全的参加へのプロセス」を学習と考えるのではなく（熟練者にしても完成した存在ではない…）、さまざまなコンテキストやコミュニティの相互的構成の中に学習をみてとれると述べる。上野のこの指摘は、正統的周辺参加といった場合にも、学校という制度化された枠組みの中では、容易に関係論的な視座から実体論的な視座へと学習を転換させてしまうことへの警鐘ともいえる。

体育では、教師による示範に従って、子どもがその動きを練習し、習得していくという場面が多く見られる。この際、教師と子どもはいわば、熟練者と新参者ともいえる。子どもは、教師によって外側からの運動の意味を与えられ、その習得に向けて取り組むのである。この場合、この示範によって提示された技術そのものに子どもの内側からの意味が付与されていない。いわば、これは

単なる情報として伝達され、情報の獲得としての学習へと没落することを意味する。すなわち、〈対話〉や〈出会い〉のない実体論的な学習といえるのである。つまり、正統的周辺参加という概念を関係論という視座から見ることによって、正統的周辺参加における学習が豊かになる。状況と文脈によって、一見同じ出来事である示範にも意味が付与されたり、そうでなかったりするのである。

（2） 拡張的学習

拡張的学習は、エンゲストローム（1999）が提唱した考えである。山住（2004, p.117）はこれを「『拡張による学習』は個々の学習行為の方式ではなく、活動システムの中に見いだされる矛盾を集団的に解決する過程、すなわち『個人的行為から集団的活動への拡張的な移行』としての『歴史に新しい活動形態の生成』のサイクルにおける学びである。いわば、この学習は、与えられた文脈に疑問を持ち、変化へのアイディア、コンセプト、モデルを創造していくものである（山住, 2004, pp.118-121）」と述べる。すなわち、体育授業でいえば、授業で取り組む運動における文脈への矛盾、葛藤を共同体におけるかかわり合いによって生み出していく中で、運動の意味を生成していくという学習が展開され、新たな文脈が生成され、それらが繰り返されていくと考えることができよう。

（3） その他

組織間学習では、情報や知識は、組織間で相互交流し、新しい情報や知識が創発すると考えられ、組織学習をベースにしながら、共同体としてより能動的なメタ学習をしているといえる（松行, 2002）。また、行為する授業／プロジェクト授業を基礎づける次元として、グードヨンス（2005, pp.76-81）は次の3つをあげている。

① 行為する授業は、徹底的に教育化された経験空間やあらかじめつくられた意味付与の代わりに、矛盾に満ちたきびしい「実際の」現実や、教育的にコントロールされていない学びの場所や学校外の世界の経験空間や、

それらの矛盾の解決を要請する。
② 行為する学習は、人間が人と環境との弁証法的関係においてとらえられることで、基礎づけられる。
③ 行為する授業は、テーマ準則の内容上の完璧性という原理を放棄する。それは、範例的学習の原理にしたがって取捨選択する。そのさい、行為する授業は、問題の過程的な構成を追求する。つまり、概念の吸収ではなくて、それを後で創造すること、所与のものを新たに結びつけることが、基本なのである。発生的で発見的な学習がめざされるのである。

組織間学習では、組織というシステムの作動とそのシステム同士が作動しあうという境界に矛盾や混迷、違和を生み出す中で創発する学習の出来事を主張しているといえよう。また、行為する授業では、貯蓄型の学習を否定し、かかわり合うという中で、生成的に学習を進めていくことを求めている。

以上、これらは、かかわり合いを基盤とした考え方といえ、関係論としてまとめることができよう。これらに共通しているのは、学習を過程としてとらえ、意味を生成し、学習して生み出された生産物を創発していくことであろう。近年、学校体育では、体力低下が叫ばれ、子どもの運動能力の低下も大きな問題として取り上げられている。しかしながら、現実として、この解決の方途は、体力あるいは運動能力の指標として示された数値の向上をめぐって模索され、いわば、学校教育では、実体論的な体育が色濃くなってきている。これまで述べてきたように、このような子どもの体力、運動能力、そして社会性も含め、これらは学習のかかわり合いの中に包摂されていると考えるほうが自然であり、子ども中心の、主体的な学習が展開されると考えられる。そして、知識や技術を詰め込むことに一生懸命だった体育の授業、いわゆる、トレーニングをするような授業から、運動文化を自分のものとして取り込み、運動に関わる自己を生成していく学習を保障することができると考えられよう。そこで、関係論的視座に立って、体育の授業を捉え、学習を構成していく必要が生まれる。このことは、現代社会が抱えている問題をも身体的レベルで解決していく糸口となりえる潜在的可能性を秘めているのである。

第2節 「かかわり合い」に着目した学習

　本書では、学習をかかわり合いの中で学習内容を生成していくものと考えている。つまり、学習を学習者である自己が他者とモノ（教材・教具・運動技術・環境など）との関係の中で生成していくものとしてとらえる。例えば、教師が「逆上がりをできるようにする」と一方的に課題を与え、子どもが逆上がりをするという技術を獲得するために活動を繰り返している状態では、逆上がりをするという活動に、「できるようになる」という意味を教師が押し付けていることから、運動が「モノ」として扱われ、逆上がりが、運動する「モノ」としてある。しかし、運動を経験する中で、自分なりに逆上がりをするという活動に意味を立ち上げ、「逆上がりができるようになりたい」とか、「逆上がりをすることが楽しい」とか、「逆上がりをするときの感覚が心地よい」などという意味が立ち上げられたときに、「逆上がり」が運動する「こと」になる。つまり、「モノ」を自分にとって意味がないものであり、単なる対象ととらえ、その「モノ」に意味が立ち上がったときに「こと」となるものとしてとらえることとする。したがって、学習は、これまでいくつかの先行研究（細江, 1999；藤岡, 2000, p.43；佐藤, 1997）によって明らかにされてきた「人・モノ・こと」とのかかわり合いから、運動に意味を立ち上げる営みととらえることができ、評価は、このプロセスを支援するものとして働かなければならない。つまり、評価は、指導と表裏一体となって機能し、子どもが「モノ」に何らかの意味を立ち上げ、「こと」（廣松, 1996）を生成する支援とならなければならず、関係の中で、運動が「モノ」から「こと」として子ども自身の内部で組み替えがなされることによって、これまでの学習経験の総体として内在化している身体に支えられ、自分なりの学習のプロセスを豊かなものにしていくのである。学習者にとっては、「いま」、意味付与された自己形成空間における「ここ」という「いま―ここ」においてこのような学習がなされ、経験によってそれらが次の行為を生成していく。

　したがって、佐藤（1997, pp.13-14）が述べるように、学習は、「モノ」や

「こと」や「人」とのかかわりを、学習者である子どもの身体を投企して紡ぎあげる営みであり、その営みを支えているのが、子どもの「言葉」であり「身体」であるといえる。そして、この豊かなかかわりにとって、子どもの言葉と身体が対象や他者に対して開かれ、瑞々しい生きたものとして働いていることが重要である（佐藤，1997, pp.13-14）。この主張は、授業におけるコミュニケーションのたちあらわれ方が学習に大きく影響することを示唆するものである。

第3節　「かかわり合い」としてのコミュニケーション

　和田（1996）は、評価としてコミュニケーションにおける言葉かけが学習意欲を高めることに有効であることを報告している。また、高橋（2001）が指摘するように言葉だけでなく身体もコミュニケーションの有効な手段といえる。したがって、コミュニケーションにおける評価情報の獲得が学習活動における行為に影響を与えているといえる。
　学習活動が展開される授業の世界は、無秩序、曖昧性、不確実性を伴って、その時々にさまざまな関係を生成しながら動いている「場」である（藤岡，2000, p.139）。ところが、体育授業では、運動において学習を展開させるのではなく、運動における技術や方法を「モノ」として提示し、習得させていく秩序だった、明確な確実性のある実体的な場となる傾向にある。そこでのコミュニケーションは、一般的に情報の伝達と考えられている。だから、コミュニケーション不全というと教師と子どもの関係においては、教師の伝達した情報がうまく伝わっていないことを指し、子ども同士では自分の思いや考えを相手に伝達できずに、仲良く活動できないというような状況を指すことが多い。しかし、コミュニケーションとは人とのやりとりすべてであり、関係としての私とあなたの間に生まれる双方向性をもつものである。そのコミュニケーションを支えているものは対他関係に他ならない。自分とは他者との関係の中で他者にうつる目で自分を作り上げているのである（佐藤，1995）。また、あらゆる学習は、他者との関係を内に含んだ社会的実践である。教室における学習は、

教師や仲間との関係において遂行されているし、一人で学習する状況におかれた場合でさえ、その学習には他者との見えない関係が編みこまれている。教育内容の知識は、それ自体が社会的に構成されているし、学習の活動は、見えない他者のまなざしからのがれられないのである。学習は対話的実践なのである。そして、学習評価はその実践を支えるものである。なぜならば、自己理解や他者理解という相互理解に支えられ学習をつくりあげているからである。自己理解と他者理解は表裏一体の関係となり、自己理解が深まれば、他者理解が深まるし、他者理解が深まれば自己理解が深まるという相互的な関係を生むのである。

第4節　コミュニケーションと評価

藤岡（2000, p.43）は授業におけるコミュニケーションの現状を次のように特徴づけている。

> ① 若い世代に伝達する目的をもつコミュニケーション。
> ② 制度的に決められた枠の中におけるコミュニケーション。
> ③ 教師は意味の権威であり、子どもは意味の受容者である。
> ④ 学校知に合わせたコード体系（日常的に親しんでいるコード体系を離れている）。

これらの特徴は依然として学習者が無能で教師が有能であるという伝統的な学習観を引きずっているものである。それだけでなく、コミュニケーションという本来、関係の中でしか生まれないものを実体の中に擬制として生み出そうとしている。したがって、いつのまにかコミュニケーションが制度・原則として子ども達に与えられ、コミュニケーションを括弧付きの「コミュニケーション」へと変質させてしまうのである。

これらの学習観のもとに体育授業を見ると、子どもの主体から離れた運動財（技術・戦術）を「身につけること」に学習の価値を置いてしまうことがわかる。しかし、これまで述べたように学習を「人」、「モノ」、「こと」とのかかわ

りの中における世界づくりと考えるならば、子どもが「かかわり合い」から、学習の目的としての対象と自己のあいだにある意味と、他者と対象のあいだにある意味を交流させることによって、自分なりの意味を立ち上げていくことを大切にするべきである。そして、体育では、この「かかわり合い」に、三通りのあり方を見いだすことができる（図3-1参照）。

① 人格形成的機能

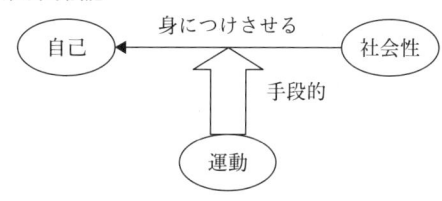

```
自己 ←身につけさせる── 社会性
  ↑手段的
  運動
```

② 相互作用的目的達成機能

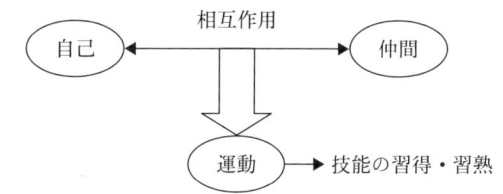

```
自己 ←──相互作用──→ 仲間
  ↓
  運動 → 技能の習得・習熟
```

③ 感覚機能

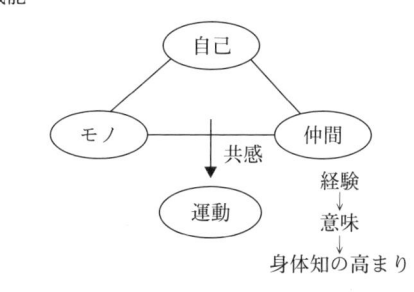

```
      自己
     /   \
   モノ ── 仲間
     ↓共感    経験
     運動     ↓
              意味
              ↓
              身体知の高まり
```

図3-1　コミュニケーションとしての学習評価のもつ機能

1つ目は友達と仲良くしたり、協力したりするという社会性を身につけさせるようなかかわりである。このように、社会性を身につけることを重視し、かかわりを大切にするならば、評価は人格形成的な機能を持つことになる。

2つ目に仲間同士が切磋琢磨することで、習得・習熟を図るといったような

かかわりである。ここでは、かかわりの中で「今の力」をより高めるための工夫や努力を求めるならば、評価は相互作用的な目的達成機能を持つことになる。

3つ目にあなたがいるから「いま―ここ」の運動を味わうことができるといったようなかかわりである。ここでは、運動において他者に共感することによって、運動に立ち上がる意味を交流しあい、組み替え、自分なりの意味を運動に立ち上げるのである。つまり、自分自身に感情的行為として身体の内部に湧き上がる思いと他者のそれとの交流により、運動に意味を立ち上げることによって、外的な「モノ」としてある「技術」や「知識」との結びつきを強め、運動の学習として現象化されると考えることができるのである。

1つ目、2つ目のかかわりの意味はかかわりの結果に成果を求めている。このようにかかわりをとらえると、かかわることが何かを身につけるという結果にあり、手段として、かかわりが位置づいてしまうことになる。したがって、授業において客体としての子どもに情報を伝達するためのものとして位置づき、授業に「主体―客体」関係を生んでしまう。しかし、末次は次のように、対話における能動性を述べる。

「私たちは話すときにのみ能動的で、相手の話を聞くとき文字通り受動的であるのではない。わたしの聞くことはわたしの言うことの間に挿入され、わたしの言葉は他者の言葉によって側面からたち直される。このように、話すときも聞くときも、わたしは自分を他者に投じており、わたしのうちへ他者を導きいれる。対話において、〈話すこと〉(to speak to) と〈話しかけられること〉(to be spoken to) とは同じことであり、わたしのものとわたしのものでないものとの境界が取り除かれる。」(末次, 1999)

これと同様に、体育授業における行為の発動は、他者の行為との関係から生成されていくのである。私の運動は常に他者やモノとの関係から生成されている。そこで、授業という場には「主体―客体」関係は成立せず、「主体―主体」関係の中で学習が展開されていかなければならないのである。

ところが、授業では、イニシアチブをとるものとそうでないものが現れることが多い。教師と子どもの関係においても、教師の評価規準が規則・原理とし

て子ども達へ転移してしまうことが多くあるといえる。子どもと子ども同士の学習に目を向けても同様である。このように、子ども達は他者に引き寄せられるかたちで学習を展開させていくことがある。しかし、運動に意味を立ち上げるためには、主体としての自己理解や自己評価をする中で「いま―ここ」の自分へ気づく必要がある。

　そして、授業における自分への気づきは、「人・モノ・こと」に大きな影響を受ける。気づきの前提としての自分には、自分しか知らない自分もいる。また、自分も知っているし、他者も知っている自分がいる。さらに、他者は知っているが、自分は知らない自分がいる。その上、自分も他者も知らない自分がいるのである。このような中で、自分が知らなかった意味付けや自分の認識や変更を与えるのは他者であったり、「モノ」、「こと」であったりする。この関係性によって、運動における自己が位置づくために、かかわり合いを大切にした学習づくりが体育では求められるのであり、このようなかかわり合いを支援するために、学習評価が機能していかなければならないのである。

第5節　本章のまとめ

　体育では運動に夢中になっているとき、子ども達は運動の心地よさに没頭し、自分の世界をつくり出すがゆえに、意識がそのことばかりに向き、他のことに見向きもしないで行為していることがある。そして、その世界に他者が介入することで、その世界を変更させる契機となることがある。このことによって運動への意味づけが変わる可能性を持つ上に、他者の世界に出会い、自己理解が促進されるのである。また、教師が子どもの夢中になっている姿に出会い、その世界で子どもにどのように意味が立ち上がっているのかを読み取ることによって、教師自らが行為を生成する。それが教師に次への見通しをもたせ、その子どもの世界に参与する教師の行為を生みだす。子どもも教師も、いつかは過去になる「いま」を精一杯生き、新しい「いま」を生きる。そのために「自分探し」を、かかわりの中で行い、自己への気づきを通して自分が生成

していった総体として学習の履歴が書き換えられていくのである。

　例えば体育授業で跳び箱運動をするとき、多くの技を身につけたり、高い跳び箱を越えたり、集団で跳び箱を跳び越したりすることは、最初からそれを経験することが楽しい運動としてあるのではない。その運動をする自己によって、運動に意味づけがなされるために、子どもは、その運動の固有な楽しさを味わうことができるのである。したがって、運動に立ち上がる意味によって、運動技術の習得に目が向けられたり、運動の心地よさに浸ったりする運動世界が生成されるのである。つまり、運動において、内発的動機づけが促され、そこに評価が作用することによって運動に意味が立ち上がり、学習内容として子どもがそれを享受することになる。だから、評価が学習を支援する働きをもつといえるのである。

　このような背景を持ちながら、従来の体育授業では運動することにおいて目的合理的行為や価値合理的行為に合致するような学習評価がなされてきた。定着の世界を重視しすぎたために、楽しみ「こと」になる前に、多くの楽しみ事（教師が恣意的に解釈している）を与えられ、感情的行為において共感することによって学習を支援するような評価は許されなかったのである（全国体育学習研究協議会, 1996）。しかし、これまで述べてきたように、定着の世界のみならず、生成の世界も重視されるべきである。

　そして、この学習を生成していくプロセスを重視した授業における「学習評価としてのコミュニケーション」の様相は図3-2のように考えることができる。

　ここでは、子ども達が運動の世界に、自らの身体を投企し、溶け込むことによって、かかわり合いによって、評価規準を生成し、行為をフィードフォワードし、学習を生成していくことになる。私の学習の履歴が私の「いま―ここ」に集積されているのである。

　そして、子どもは、意識されないような評価である潜在的な評価や、自らの意識として明確化される評価を繰り返しながら、自己理解を図るための自分探しをしたり、身体性をひろげたり、運動に立ち上がった意味を解釈し、学習を生成していくのである。この運動に立ち上がった意味を解釈しようとすること

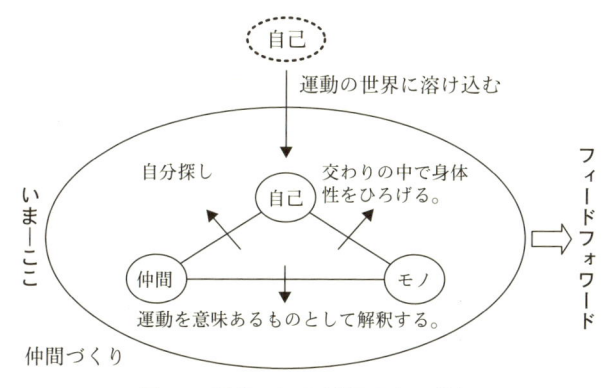

第3章 学習観の転換に伴う学習評価　35

```
          自己
           ↓ 運動の世界に溶け込む
    ┌─────────────────┐
    │  自分探し    交わりの中で身体  │  フ
 い  │        自己   性をひろげる。 │  ィ
 ま  │       ↗ ↑ ↖           │  ｜ー
 ｜  │      ↙  │  ↘          │  ド
 こ  │    仲間 ─── モノ         │ ⇒ フ
 こ  │        ↓              │  ォ
    │   運動を意味あるものとして解釈する。│  ワ
    └─────────────────┘  ード
      仲間づくり
```

図3-2　運動における学習評価の様相

によって、運動と自己を結びつけ、学習として行為し続けるのである。だからこそ、学習のこれからを見つめ、「いま―ここ」を豊かにしていくために「自己―他者―モノ」とのかかわりが重要となる。そして、この中核にいるのは紛れもなく自己である。

　山本（2000, p.22）は、これからの体育の授業では、結果として期待される変容や成果を得るためには、実践の主体である一人ひとりの子どもにとって主体的・意欲的に参加し得るに値する実践でなければならないし、子どもの自発的で個性的な試行錯誤と創意工夫を最大限に尊重した多様な活動が展開され、その結果として新たな運動の意味や価値の認識の広がりや深まりが生まれるようにすることが求められているという。つまり、教師の立場から見れば、教師は、子どもと共に学習に参与し、そこに立ち上がる意味を解釈していくことが求められているのである。具体的には、授業において教師と子どもが用意された教材を手がかりとして、学習を生み出し、その時、互いに他者の身体を通して、その教材に対して評価の目を持ちながら、運動に意味を立ち上げるのである。また、子どもが教師に活動させられるのではなく、共に活動を作る関係でなければならない。さらに、運動に立ち上がる意味を解釈しようとする行為そのものが自発的な試行錯誤や創意工夫であり、「いま」の私を基盤として、私のこれからを見通すのである。そして、これは、「学習評価としてのコミュニケーション」を授業でいかすことでもある。

引用・参考文献

エンゲストローム：山住勝広ほか訳（1999）拡張による学習―活動理論からのアプローチ．新曜社．

グードヨンス：深澤広明・竹内元・髙木啓訳（2005）行為する授業―授業のプロジェクト化をめざして―．ミネルヴァ書房．

廣松渉（1996）もの・こと（廣松渉著作集第1巻）．pp.294-298．

細江文利（1999）子どもの心を開くこれからの体育授業．大修館書店．

藤岡寛治（2000）関わることへの意志．国土社．

菊藤真弥（1999）正統的周辺参加論．恒吉宏典・深澤広明編集：授業研究 重要用語300の基礎知識．明治図書．p.46．

松行康雄・松行彬子（2002）組織間学習論．白桃書房．

美馬のゆり・山内祐平（2005）「未来の学び」をデザインする．東京大学出版会．

岡野昇（2006）関係論的アプローチによる体育授業の構築に向けた単元構成試案．山本俊彦・岡野昇編著：関係論的アプローチによる新しい体育授業 Vol.1．

レイヴ＆ウェンガー：佐伯胖訳（1993）状況に埋め込まれた学習．産業図書．

里見実（1994）学校を非学校化する新しい学びの構図．太郎次郎社．

佐藤学（1995）学びの対話的実践へ．佐伯胖・藤田英典・佐藤学編：学びへの誘い．東京大学出版会．p.74．

佐藤学（1997）学びの身体技法．太郎次郎社．

末次弘（1999）表現としての身体～メルロ＝ポンティ哲学研究～．春秋社．pp.305-306．

高橋和子（2001）体育における表現・コミュニケーション．寺崎等編：新しい学びの様式と教科の役割．東洋館出版社．p.103．

上野直樹（1999）仕事の中での学習．東京大学出版会．

和田尚（1996）学習評価を高める教師のことばかけ．学校体育．第49巻第3号．日本体育社．pp.17-19．

山本俊彦（2000）これからの体育の授業―関わり合いをキーワードに―．こどもと体育．通巻115号．光文書院．

山住勝広（2004）活動理論と教育実践の創造．関西大学出版．

全国体育学習研究協議会（1996）つみかさね．p.10．

第4章

運動の意味生成過程の解明

第1節　展開構成上の学習評価の位置づけ

　前章までに明らかになったように体育の学習は、単に現象として捉えられる外側から可視化できる行為のみならず、その行為を支えている運動の意味生成を重視していく必要がある。ここで述べられる運動の意味を本書では、「運動している自己を顕在化させ、運動するという自己が他者やモノとのかかわりのあいだに意味を連関させ、自己という存在を授業において明らかにするもの」と定義した。また、「自分探し」としての学習において現実性と可能性の差異を本質とし、自己を内破していくようなエネルギーとして生成される運動の意味は、授業におけるコミュニケーションを通し、変容しながら、学習を拓いていくといえる。したがって、授業では、教師や子どもが運動の意味を解釈しようという営みにより不断に生成されるコミュニケーションによって現実性と可能性の差異が縮減し、増大する中で新たな運動の意味が生成される。

　このような考え方を基盤にして、関係論的な学習に基づく授業では運動の意味生成過程そのものが学習と捉えられ、その経験過程が学習の履歴となることはこれまでに整理してきた。しかし、運動の意味生成過程の解明には未だ、至っておらず、そのために、展開構成上の手立てが希薄であることは否めない。そこで、本章では、体育授業において児童・生徒の運動の意味生成がどのような過程の中で生成され、それは何によって促されているのか要因を解明していくことから学習評価について整理をしていく。

第2節　運動の意味生成過程解明に向けての研究の取り組み

(1) M-GTA（修正版グラウンデッド・セオリー・アプローチ）の活用

本章では、修正版グラウンデッド・セオリー・アプローチ（以後、M-GTAと略記する）を分析手法とし、運動の意味生成過程について明らかにすることとした。

「グラウンデッド・セオリー・アプローチとは、ある現象に関してデータに根ざした機能的に引き出された理論を構築するための体系化した一連の手順を用いる質的研究の一方法」（Anselm, 1999）である。これは、glaser & strauss（1967）の「データ対話型理論の発見」によって発表された研究手法である。この研究手法を木下（1999, 2003）が修正したものが M-GTA である。木下は、以下のように M-GTA の特性を述べる。

(1) 理論特性（木下, 2003, pp.25-30）
  ① データに密着した分析から独自の説明概念をつくって、それらによって統合的に構成された説明力にすぐれた理論。
  ② 継続的比較分析法による質的データを用いた研究。
  ③ 社会的相互作用に関係し、人間行動の説明と予測に有効であって、同時に、研究者によってその意義が明確に確認されている研究テーマによって限定された範囲内における説明力にすぐれた理論。
  ④ 人間の行動、なかんずく他者との相互作用の変化を説明できる、言わば動態的説明理論である。
  ⑤ 実践的活用を促す理論。
(2) 内容特性（木下, 2003, pp.30-34）
  ① 研究対象とする具体的領域や場面における日常的現実に可能な限り当てはまらなくてはいけない。
  ② 研究対象の領域に関心をもったり、その領域や場面に日常的にいる人々にとって、提示された理論は理解しやすいものでなくてはならない。
  ③ 提示された理論には多様性に対応できるだけの一般性が求められる。

④　実践的活用のために重要となる理論特性である。
（3）　データの切片化をしない（木下, 2003, p.44）。
（4）　データの範囲、分析テーマの設定、理論的飽和化の判断において方法論的限定を行うことで、分析過程を制御する（木下, 2003, p.44）。
（5）　データに密着した（grounded on data）分析をするためのコーディング法を独自に開発した（木下, 2003, pp.44-45）。
（6）　【研究する人間】に視点を重視する（木下, 2003, p.45）。
（7）　面接型調査に有効に活用できる（木下, 2003, p.45）。
（8）　解釈の多重的同時並行性を特徴とする（木下, 2003, p.45）。

　これらのことから、M－GTAは、次の2つの点に特徴をもつ研究対象に適していると考えられている。第1に、当該領域において現実的に問題になっている現象であり、提示するグラウンデッド・セオリーがその解決あるいは改善に向けて実践的に活用されることが期待される場合である。第2に、取り上げようとする現象がプロセス的性格を持っているということである。つまり、実践に基づいたグラウンデッド・セオリーを導くことで、関係論的な学習観に立った授業展開の実践上の手がかりを提示することができると考える。したがって、体育という教育学領域に関する分野において適した研究方法といえる。

（2）　運動の意味生成過程を解明するための方法

　本章では、学習として現象化される行為における「運動の意味」が生成され、変化していく過程を明らかにすることが目的である。この目的に迫るために、分析のテーマを「体育における諸要素との関係における運動の意味生成プロセス」とした。諸要素とは、自己や他者やモノといった授業における諸要素を指す。そのために、次の2点に焦点化して研究を進めることとした。
　・授業における諸要素間の関係性の変容における相互作用プロセス
　・生成された「運動の意味」のきっかけと運動行為の相互作用プロセス

　M－GTAでは、収集されたデータを「分析テーマ」と「焦点化するもの」から解釈を進めることによって分析を行う。また、データの収集法とその範囲

を次のように決定した。

　対　　象：　N小学校2年生児童、男女19名（男子13人、女子6人）
　調査期間：　平成16年10月から平成17年3月

　データ収集は、インタビューと参与観察によって行った。この研究は、個別の事例研究ではない。したがって、子ども達が、授業の中で、運動の意味をどのように生成し、変化させているかという多くのプロセスデータを収集し、分析することによって研究を進める。すなわち、形成的に、ある子どもを対象とし、最初はこのような運動の意味を生成していたのが、最後はこのような意味に変化したということを明らかにするものではなく、子どもへのインタビューと参与観察から明らかになったことから見えてくる諸要素との関係における運動の意味変容プロセスを明らかにするものである。

　データの収集は毎週1回、月曜日に行った。1回のデータ収集は、2人または3人を対象とした。その結果、調査終了までに一人2回のデータを収集することができた。

　具体的なデータの収集方法については以下に述べる。

　まず、子ども達が登校した直後に半構造化されたインタビューを行う。時間は一人およそ10分である。ここでは、体育全般の内容について子ども達が話しやすいきっかけになる発問からインタビューをして、できるだけ自由に子どもが話しをできるようにした。例えば、「体育は好きですか？どうして？」「どんな運動が好き？どうして？」というように「なぜ」「なに」「どのように」といった質問を子ども達の話から引き出してインタビューを行った。次に、インタビューした子どもを中心に参与観察をした。また、本実践に入る前に、すでに何度かこのクラスの授業を観察し、第三者が観察することによるバイアスを排除するように心がけ、日常の授業通りの展開ができるように配慮した。さらに、おおよそクラスの体育授業の雰囲気も予めつかむように心がけた。そのような事前準備の後、「焦点化するもの」として設定したことに基づき、授業観察を行い、フィールドノートを作成した。それらを踏まえ、授業後、改めて授業前にインタビューした子どもに半構造化面接を行った。このインタビューは、授業での活動を中心として聞いた。例えば、「授業は楽しかった？どうし

て?」、「授業でこんな動きをしていたけどどうして?」というように授業前と同様に「なぜ」「なに」「どのように」といった質問を行い、できるだけ子ども達が、自由に話をすることができるように心がけた。また、参与観察をしていた中で気になった場面も取り上げるなどした。このように収集したデータは子ども及び保護者の了解を得て、すべて記録に留めた。

(3) 運動の意味生成過程に関わる概念の構築

　分析の元データは、ワークシートに書き込み、収集された。データは一人2回ずつとることができたので、これらのシートが計38枚作成された。そして、このように作成されたデータのある箇所に着目し、その意味を解釈して概念の生成を行っていった。そのために、「概念名」、「定義」、「ヴァリエーション」、「理論的メモ」からなる分析ワークシートを利用した。ここでは、データからいきなり概念をつくるわけではなく、まず、データの着目した部分の意味を解釈しながら作業を進めていく。次に、抽象概念をつくるのが難しいときには、データ中の言葉や表現そのものを分析概念としたin-vivo概念を用いてもよいこととした。さらに、概念はなんらかの動きを説明できるものであることが望ましい。その上、生成する概念は、あまり一般的すぎないように注意することが分析上の留意点である。

　収集されたデータからは、表4-1のように、22の概念が生成された。

　例えば、概念1を「モノの知覚による行為発動」とした。これは、子ども達の周りの環境や教材などのモノなどを知覚することによって自然と行為が誘発されることであると定義した。それは、データにおける「マットを準備するとすぐに転がり始めた。マットから動きを誘発されたようであった。」とか、「カラーボールを持つとつい投げてしまう。」というヴァリエーションを解釈することから定義された。データを分断して類型化するのではなく、あくまでも「体育における諸要素との関係における運動の意味生成プロセス」という分析テーマと「授業における諸要素間の関係性の変容における相互作用プロセス」と「生成された『運動の意味』のきっかけと運動行為の相互作用プロセス」という焦点化するものに基づいて解釈をすすめ、概念を生み出していった。すな

表 4-1　生成された概念

1	モノの知覚による行為発動	12	仲間の励ましの奨励
2	反復行動の飽和による行動変化	13	期待される励ましの力
3	自覚的身体変化による動機づけ	14	勝利(成功)の不安定さの楽しさ
4	他者に対する優越感の象徴	15	夢中状態による原則規準の忘却
5	仲間との身体的な相互作用で拓かれる運動世界	16	目標達成可能性への希望
		17	仲間の運動への共感による運動行為発動
6	運動における共生欲求	18	教師の指示による運動行為発動
7	賞賛による動機づけ	19	「遊び」と「勉強」の差異意識
8	雰囲気をつくる仲間意識	20	運動行為の最優先
9	運動感覚への陶酔	21	仲間への気遣い行動
10	動きの変化の面白さの体感	22	仲間集団への苛立ち
11	価値の転化による運動の意味づけ		

わち、ここでは、マットやボールといった教材・教具によって誘われ、行為を発動させ、そのことによって授業における「自己―他者―モノ」とのかかわりの総体として学習を変容させている。また、知覚によって体育授業における諸要素との関係が変化していくために、状況と文脈がその場によって方向づけられ、運動の意味生成のきっかけとなっていることがわかる。このことから、この概念が「モノの知覚による行為発動」とコーディングされた。したがって、最初に概念を作ってそこにヴァリエーションを当てはめるのではなく、同様に解釈されたヴァリエーションから定義を導き、概念づくりを行っていった。その為、概念は、ヴァリエーションの集まりの中で、定義を生み出していったものである。また、このような解釈を進めていく中で、考えたことや気づいたことを理論的メモに書き込んだ。

　例えば、カラーボールを投げる子どもの姿に、ボールを投げることそのものを楽しんでいる子どものボールと仲間との相互作用を見いだしている。その様子から、状況と文脈を引き受けつつ、データを解釈することで、子どもがボールを投げたくなるという欲求は、モノを知覚することで生まれるものではないだろうかと推論することができた。また、この投げるという行為は、教師によって予め与えられた決められた行為ではなく、授業においてボールを知覚す

ることをきっかけとして生まれた自然に発生された行為ともいえる。さらに、概念1のヴァリエーションからは、運動をやりたくなるというのも、体育授業という場における自分にとっての環境（自分の外側）に触発されているからではないかとか、意識的に行為を行っているというよりは、自然と運動することを働きかけられているということが解釈され、行為の発動がモノの知覚によって誘いかけられていることが明らかになるとともに、行為者の周辺の環境やモノとのかかわりによって、モノの知覚によって発動される運動の意味が生成されることが解釈される。このようなことから、22の概念間の関係性を読み解く手がかりを理論的メモが提示している。すなわち、概念作成後に、カテゴリーを作成し、結果図を作成する上で、この理論的メモは、重要な役割を果たした。

　このようにヴァリエーションを解釈しながら、理論的メモをつけつつ、概念を作成した上で、22の概念間の関係について理論的メモを手がかりに関連づけていくと、4つの大きなまとまりで分類することが可能であることが解釈された（図4-1）。

　1つ目は、「協働学習カテゴリー」である。運動行為における体感の中で運動の面白さを味わい、運動の楽しさを享受している行為が、モノや教師、仲間によって誘発されていることがわかる。すなわち、体育授業において働きかけあいながら、学習を展開させている。そこで、このカテゴリーを「協働学習カテゴリー」とラベリングし、運動する行為が、教師や仲間やモノに影響を受けることによって生まれ、また、運動行為を、そのかかわりを通して「感じる」ことによって変化させているものと定義する。このカテゴリーは、「運動の楽しさ享受」と「運動行為の発動」という2つのサブカテゴリーを含む。

　2つ目は、「仲間集団形成カテゴリー」である。仲間とともに、授業という場にあることによって雰囲気が生まれ、共に運動にかかわる世界が生成されている。それによって、仲間へのさまざまな感情が生まれ、仲間への励ましが運動行為の中で重要な位置づけをもつようになっている。これからは、仲間集団の形成により、運動の意味が生成されていることが明らかとなる。そこで、このカテゴリーを「仲間集団形成カテゴリー」とラベリングし、運動という行為を

通して仲間集団の有り様を変化させるとともに、その仲間集団に影響されることによって運動行為が生成されるものと定義する。このカテゴリーは、「励ましマジック」「共生世界の生成」「仲間への思い」という3つのサブカテゴリーを含む。

　3つ目は、「運動意識カテゴリー」である。運動行為の展開に伴い、運動に対する意識が変容し、それが運動の意味を生成していくことに大きく影響している。そこで、このカテゴリーを「運動意識カテゴリー」とラベリングし、運動する行為を、成長の中で自覚的に捉えたり、運動することが強く意識されたり、運動と遊びというものを違うものと認識していることと捉えるものと定義する。このカテゴリーは、「成長」「運動第一」「差異意識」といった3つのサブカテゴリーを含む。

　4つ目は、「自己価値認識カテゴリー」である。協働学習や仲間集団の形成、運動意識の変化に伴い、自己における運動の位置づけが明確化し、運動における目標行為が自己の視点から設定されている。これは、運動している自分の価値を認識し、それが運動行為に影響している。そこで、このカテゴリーを「自己価値認識カテゴリー」とラベリングし、運動する自己自身を価値づけ、運動に対する意味や価値を生成するものと定義することとする。

　上述した、4つの概念間の関係を表したものが、図4-1である。「協働学習カテゴリー」がコア・カテゴリーとなっている。特に、運動の楽しさ享受を中心として運動の意味生成がなされていると解釈された。また、この運動の楽しさ享受カテゴリーに含まれる概念は、「感じる」ということを中核として生成されている。したがって、この結果図から、「感じる」ということを中心概念として分析テーマである「体育における諸要素との関係における運動の意味生成プロセス」を明らかにすることができると考えられる。

　そこで、「感じる」という点から、この分析で明らかになった運動の意味生成と変化について考察する。

第4章　運動の意味生成過程の解明　45

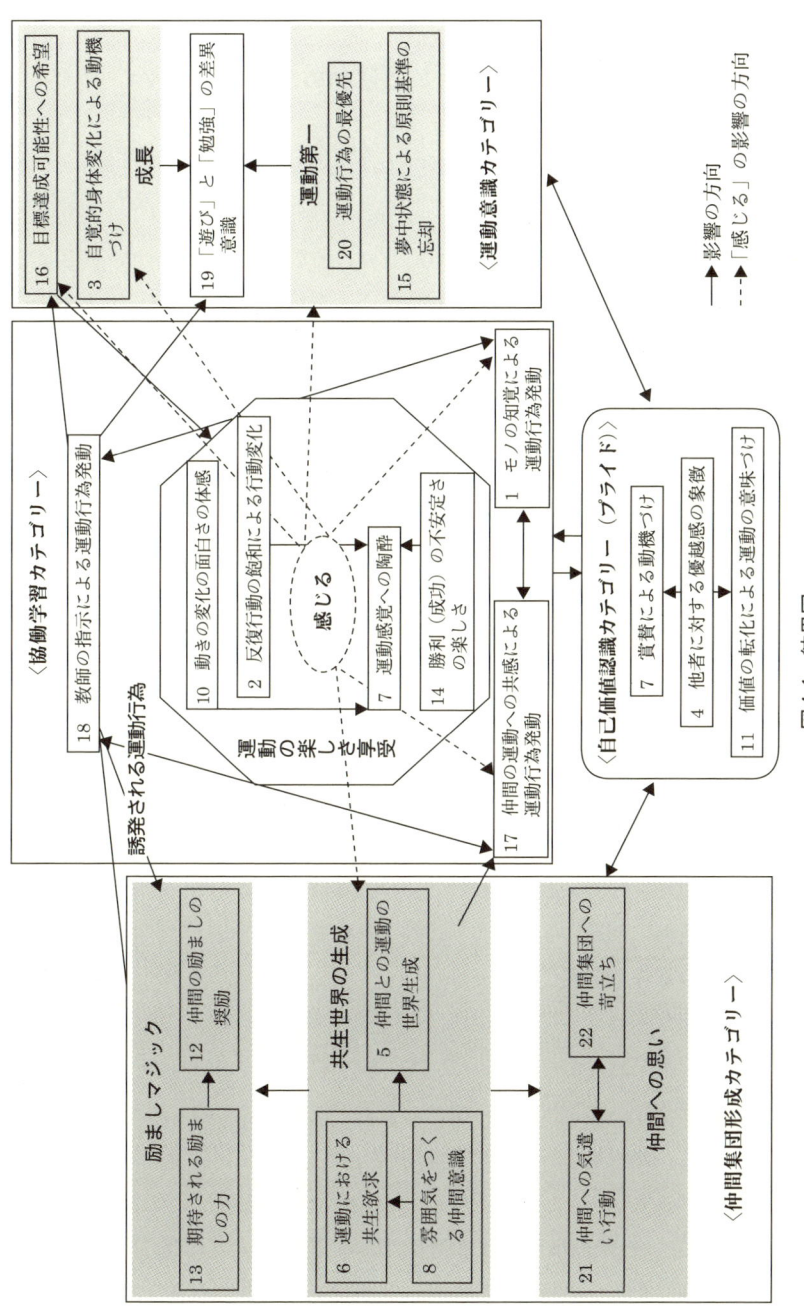

図4-1　結果図

第4節 「感じる」を中核とした運動の意味生成過程

　子ども達は、楽しさを享受する上で、「勝利の不安定さによる楽しさ」や「動きの変化の面白さ」を「感じる」という運動における体感によって「運動感覚へ陶酔」し、運動に夢中没頭している。また、その夢中没頭状態が、同じような活動の繰り返しの「反復行動の飽和」によって行動を変化させようとすることによって「運動感覚へ陶酔」しようと試みている。すなわち、運動することによって「感じる」快感情によって運動の楽しさを享受している。この「感じる」ということが、運動の意味を支える基盤であり、体育授業における子どもの行為生成や意味の生成は、「感じる」ことによって促され、「感じる」ことによって生成され、「感じる」ことによって、変化していく。また、この「感じる」ことによる「運動の楽しさ享受」は、体育授業におけるかかわり合いにおいて生まれている。かかわり合いによって体育授業に「場」が生まれ、その「場」が子どもを運動の楽しさ享受に誘い込む。そのかかわり合いは、主に、「モノの知覚による運動行為の発動」であったり、「教師の指示による運動行為の発動」や「仲間の運動への共感による運動行為の発動」であったりする。つまり、体育授業において学習者が、教師や仲間、教材・教具、環境に働きかけ、働きかけられることによって、その場を楽しさ享受できる場に組み替え、運動行為を誘発されている。すなわち、学習者は、仲間やモノとの協働学習を通し、その基盤に「感じる」という運動の快体験を位置づけながら、学習を展開し、運動の意味を生成していく。

　また、協働学習によって生成された運動の意味は、「感じる」ことによってかかわり合いを深めながら、さらに、その質を変化させていく。例えば、教師や仲間との関係性が強調されて「感じる」ことによって生成された運動の意味に支えられて、仲間集団形成と密接な関連を生む。すなわち、教師や仲間とともに生み出す共生空間としての授業に居心地のよさを生み出しながら、仲間集団を形成する。「教師の指示による運動行為の発動」からは、潜在的に子ども達が仲間を励ますことの美性が拡がり、共生空間の中で居心地のよさを「感じ

る」ことで、その励ましの力が増大していく。そして、それは、「励ましマジック」であるかの如く、子どもの運動行為を誘発していく。さらに、共生空間の中から、「仲間の運動行為への共感による運動行為の発動」が生成されていくと同時に、さまざまな「仲間への思い」が生まれ、運動の意味を変化させていく。それは、仲間とかかわり合うことによる運動という世界形成における揺らぎでもあり、自己と仲間との葛藤の中で、共生空間における自己の位置づけを見いだしていくということでもある。しかしながら、このようにして生まれていく仲間集団の中で学習集団としての仲間集団が運動の意味に彩られて形成されていく。

　ところで、協働学習を通して、自己の運動の意味が立ち上がり、活動にこだわり生まれてくる中で、自己の価値認識の高まりが生まれてくる。それは、プライドともいうべきものであり、なんらかのかたちで他者への優越性を示したいという欲求が拡がってくる。その中で、教師や仲間による賞賛によって動機づけられたり、価値を学習者自身の運動の意味をベースに転化させることによって動機づけを図ったりする中で、自己の運動の意味を自己の認識という中で明確にしていくようになる。運動の意味によって、自己価値認識がなされると、いわゆる目標が明確化されている子どもが生まれてくるといってもよい。また、このように立ち上がった運動の意味は、「仲間への思い」を生成する上でも大きな影響を与えている。ただし、教師による賞賛の強調や他者との比較、運動教材の価値の画一化は、多様な運動の意味を阻害することにもつながっており、運動を避ける強い要因となっていることも解釈される。すなわち、自己価値の認識は、協働学習において、運動の意味生成は促されるものの、かかわり合いの分断した授業によってそれが、阻害される可能性があることが示唆される。

　上述した自己価値認識は、子ども達の運動意識に対しても強い影響を与えている。すなわち、自己の価値が、運動を行う上である意識として浮上してくるのである。また、同時に運動の意味に支えられた仲間集団によって運動意識も変化する。さらに、運動において「感じる」ことによって、「目標達成可能性の希望」や「自覚的身体変化による動機づけ」といった学習者自身の学習の方向

性を運動の意味によって与え、協働学習において運動しながら「感じる」ことから運動に夢中没頭していく中で、「運動行為が最優先」され、「原則規準の忘却」がおきてしまったりする。これらと、「教師の指示による運動行為」の発動により、授業における運動行為に「遊び」と「勉強」という区分ができ、学習者自身で運動行為を抑制していくようになっている。すなわち、運動の意味の制限と運動の意味の良質性を学習者が自らの協働学習の中に持ち込み、評価規準を生成しつつある状況といえる。この段階では、運動の意味が自己評価力を支えることになり、自ら学習を展開していく自律的な学習者を支えるものとして運動の意味が位置づいているといえよう。

以上のことから、運動の意味生成について次の3点が明らかになった。
① 運動することを通して「感じる」経験によって運動の意味が生成される。

すなわち、運動という行為における「感じる」経験が、子どものかかわり合いの中で運動の意味を生成し、それが、行為の変化と「自己―他者―モノ」とのかかわり合いの世界としての場を生成し、その場そのものが運動の意味を再構成させ、自己を構築していくことが明らかとなった。つまり、「感じる」経験を中核にしながら、運動の意味生成がなされる。

② 授業における教師や仲間、モノが独立した存在になってしまうと運動の意味生成が阻害される。すなわち、協働学習が重要である。

運動の意味は、かかわり合いによって生成されている。すなわち、教師や仲間、教材・教具などのモノと一体となり、学習行為が生まれ、それを運動の意味が支えている。運動の意味は、教師や仲間、モノが働きかけ、働きかけられる中で、「感じる」ことを中核として、生成されており、それらが、個々、独立した状況においては、「運動感覚への陶酔」へと誘われる楽しさ享受をすることができないと考えられる。それは、協働学習の重要性を示唆するものであり、同時に、授業において教師や仲間、モノが独立した存在になってしまうことで、運動の意味が実体化され、生成されることが阻害されてしまう。

③ 運動の意味を解釈しようとする行為そのものが、行為する自分の成長を支えている。

「感じる」ことを中核にして運動の意味が生成されるが、その運動の意味

は、教師や仲間、モノとその場に共にある自己を解釈していくことによって意味付与されている。同時に、他者に運動の意味を解釈され、かかわり合いながら、状況と文脈を形成している。すなわち、状況に身を置く中で、文脈を引き受け、自己の行為を解釈しつつ、運動の意味を変化させている。それは、行為する自己の変化でもあり、成長ともいえる。つまり、運動の意味を解釈していくことによって学習が展開されているといえよう。

第5節 本章のまとめ

本章では、授業実践を通して「感じる」ことを中核にしながら、運動の意味生成がなされることが明らかになった。また、「感じる」ということがかかわり合いの中で経験されることにより、運動の意味生成が促進され、それは、働きかけ、働きかけあうといった協働学習によって見いだされることが明らかとなった。さらに、運動の意味は、授業という場に形成される仲間集団、運動意識によって、変化を見せ、自己の価値認識と連関しながら、運動の意味を授業における運動行為において顕在化させていっている。すなわち、協働学習における教師や仲間、モノとのかかわり合いの総体として学習行為が顕在化され、それが、運動の意味の変化によって、行為発動の質的変化を引き起こす。また、運動の意味の交流が、運動の意味を解釈しあうというかかわり合いによって行われ、そのことによって、自分の学びのパースペクティブが明らかとなり、同時に、学習成果として意味づいていく。そのために、運動の意味変容プロセスというよりも、「いま―ここ」にあるかかわり合いの総体が変容していった学習の1つのまとまりとして運動の意味を捉えることが賢明であるといえよう。したがって、学習とは、あるまとまりある期間をもち、その後、その行為を振り返った時に、「いま―ここ」の状況と文脈によって規定される1つのまとまりといえる。すなわち、かかわり合いの総体を自分自身の学習の履歴として意味づけることになるので、それは子どもの学習の成果ともいえる。このようなことから、運動の意味は、状況と文脈の中で、学習の成果を浮き彫り

にするものとして位置づき、それは、協働学習における「自己―他者―モノ」の関係性変容と同様にとらえることができる。すなわち、運動の意味の変化は、同時に協働学習における生成された運動の面白い世界の変化であり、それを解釈していく自己や他者がその文脈の中に身を置き続けていくといえよう。そのために、運動に関わり、学習していく上で、運動の意味生成は、常に行われ続けるとともに、それは、変容し続けていくものといえる。

　以上のように本章では、運動の意味が生成されることによって、体育の学習成果として、身体性を投企した子ども達のパフォーマンス発揮がなされているといってもよいことが示唆された。

引用・参考文献

Anselm Strauss & Juliet Corbin（1999）質的研究の基礎―グラウンデッド・セオリーの技法と手順．医学書院．p.19.

Glaser & Strauss（1967）The Discovery of Grounded Theory: Strategies for Qualitative Research. Aldine Publishing Company, New York.

木下康仁（2003）グラウンデッド・セオリー・アプローチの実践―質的研究への誘い．弘文堂．

木下康仁（1999）グラウンデッド・セオリー・アプローチの実践―質的実証研究の再生．弘文堂．

第5章
体育授業における「学習評価としてのコミュニケーション」

第1節　体育授業での評価の位置づけ

　山本（2000, p.23）は、体育授業では「いまできる力→高まる力」という学習過程で構成される授業の状況を見ると、「力＝技能」として前提され、子どもたちは、技術的なめあてを設定しながら、制度化されてすでに内容が規定されているある運動やスポーツの価値を定着（所有）させていくという方向で学習がとらえられ組織されていることが多いことを指摘している。「いま―ここ」に広がる世界、経験を評価していくことが忘れられてしまい、評価は運動の結果の値踏みに終始し、評価そのものが外発的な動機づけとなることも多いのである。このような授業においてはプレイがワークになりやすい。ワークとして存在する体育授業において技術の定着や技能の向上に評価が焦点づけられてしまう。しかし、技術の定着や技能の向上が直接的に運動に親しむことのできる子どもを育てるとは限らない。運動の楽しさの発見は技能の深まりとは等質ではないのである。ただし、「自己―他者―モノ」との関係の中で技術の定着や技能の向上や定着が自己目的化すれば、その行為に意味が立ち上がり、運動の意味世界が広がる。つまり、教師の評価には運動における意味を立ち上げる支援が求められるのである。学習内容を客体として実体的に捉えれば、学習内容の伝達の確認に評価が終始することになる。これは、コミュニケーションから離れ、コミュニケーションの結果を値踏みすることとなる。子ども達が運動において意味を立ち上げていることは値踏みができない。その意味の善し悪しを比べることはできないからである。したがって、授業という場において学習内

容を生成している子ども達と教師は「いまを共有している」ようになることが大切なのである。それは、「いま―ここ」を共有することが、コミュニケーションによって何事かを分かち持ち、分かち持った何かから運動することに意味付与され、行為を生成していくプロセスとして学習評価が機能するからである。

このような学習評価をする上で、教師と子どもの関係的位置が重要であり、教師の授業における立場について佐伯は次のように述べている。

「教師は情報を一方的に『与える』者ではなく、子どもの『自分探し』に付き合い、それを文化的実践に関係づける役割―教材の役割と基本的に同一の役割―をもつことになる。ただ、教材と異なり、あくまで人間である教師は、子どもと二人称的に『あなた（YOU）として』関わる他者である。子どもの立場にたち、その子どもの内面に寄り添って、子どもが求めているものを、いっしょに求めてやる他者である。」（佐伯, 1995a, p.40)

この佐伯の主張から、教師が学習において一方的に評価する人ではなく、私とあなたの関係の中で評価し、評価されるものとして学習のパートナーとなることの必要性を見いだすことができる。

教師は「いま―ここ」で子ども達に起こっていることをあるがままにとらえ、そこから授業を構築していかなければならないのである。ここでは教師と子どもとの間のコミュニケーションの組成が重要な問題となる。コミュニケーションの中で評価は、結果の値踏みでもなく、問題解決のための手がかり情報でもなく、子ども達が関係の中で意味を立ち上げ、行為を生成していくことができるようなかかわりの世界そのものを看取ることによってなされなければならない。教師にとっては、評価が子ども理解及び子どもとの関係の中で行為する自分理解に寄与し、子どもにとっても自己理解を中心とした行為の生成にフィードフォワードするものとして位置づくことになる。

第2節　教師の存在の重要性

　齋藤（2001）が指摘するように、授業の雰囲気を決める大きな要因は、教師の身体から発せられる雰囲気である。山合（2001）は他者との比較でしか自分を評価できない人を作り出す教育、偏差値や貨幣価値という物差しでしか人や自らを測ることができない教育を教師が望んでいるわけでもなく、子ども達を商品扱いする教育、生徒に付加価値をつけより高く「売りつける」ような教育をするための「指導力」が、教師に望まれているわけでもないという。教師には一人ひとりの価値づけをする鑑定者ではなく、世界づくりを促進し、対話の中での子どもの学習する姿を意味解釈する評価者としての役割が求められるようになってきているのである。

　鹿毛（2000）はある小学校での実践から教師にとっての評価の営みとして4つを取り上げた。
① 教育的意図を背景とした主観的営み
② コミュニケーションに埋め込まれた活動
③ 過程重視と活動重視
④ 一人ひとりの子ども理解を前提とした働きかけ

　目標と評価は表裏一体であるにもかかわらず、ズレていることも多い。日々の授業において指導方法という「かたち」を自分の指導観に被せ、授業を展開することで、目標と教師自身の行為にズレを生み出すことがある。これは、教師が運動の特性から指導観を導き出した指導ではなく、第三者の指導や指導書に書かれている運動の行い方をそのまま授業に適用することによって生まれている。それは、教師が授業づくりをすることが、授業をする目の前の子どもを前提とし、授業づくりの過程において修正を加えられながら計画されるからである。つまり、授業づくりは、教師にとっての評価の営みそのものである。それにもかかわらず、授業づくりにおいて評価としての営みを行わず、実体としてある授業を適用し、実践しようとすると、授業における主体としての教師と子どもの目標と評価にズレが生まれる可能性がある。なぜならば、教師と子ど

ものコミュニケーションから生成されたもの（目的としてのコミュニケーション）ではなく、実体としてあるものの中でコミュニケーションさせられること（手段としてのコミュニケーション）になるからである。したがって、このような授業では、授業中にコミュニケーションによって分かち持つ何かが生まれ、それがあらかじめ設定された目標や評価とのギャップを拡げてしまう。そこで、指導と評価が分離してしまうのである。だからこそ、「いま―ここ」における子どもの様子から子どもが運動に立ち上げた意味を解釈することが必要であるし、子どもは、自分の「いま―ここ」に着目し、運動の世界に意味を立ち上げ、それを解釈し、更新していくことが大切である。

　学習評価の基本は「教師と子ども（子どもたちではない）との相互作用に根ざすべき」（東, 2001）である。そして、評価が子どもたちにとって、学習において「人と人とのかかわり合い」から学習内容を自分にとって意味あるものとし、自己目的化させて行為を生成していくことに働かなければならない。そのためには、今まで曖昧、無秩序などと軽視されていた、教師や子どもがこれまでの経験の総体として互いにかかわり合うことで生まれている「運動に立ち上がっている意味を解釈しようとする」主観的な評価を認め、子どもが運動をしている姿そのものに信頼をおき、目的としている方向に向いていることを認めることが必要である。それは、運動の特性と子どもの実態から指導の方向性を導き出し、そこにあらかじめ設定された評価規準をあてはめ、その評価規準から子どもを値踏みしようとする営みではない。むしろ、その評価規準をコミュニケーションの中で明確化・洗練化していくプロセスの中に学習という状況を発生させ、教師と子ども、子ども同士の間で、集団内で了解された客観性のある評価規準を生み出していく営みそのものといえる。だからこそ、授業における運動に立ち上がっている意味を解釈しようとする主観と主観のぶつかりあいの中で、「モノ」が「こと」へと変容し、わが身の中で「いま―ここ」を生きることになるのである。そして、このプロセスにはコミュニケーションにおける評価が機能している。したがって、学習評価としてのコミュニケーションを重視するということは、他者を評価することを通し、自分自身をも評価し、学習を支援していくものにならなければならない。

第3節　体育授業における「学習評価としてのコミュニケーション」の必要性

　これまでの検討から、体育授業における「学習評価としてコミュニケーション」がもつ意味について次のように整理することができる。

① 子どもが「人・モノ・こと」のかかわりの中で運動に意味を立ち上げ、それを支援するために評価が機能し、学習を成立させる。
② 学習は対話的実践であり、自己と他者の相互理解に支えられたものとして評価が機能し、相互行為を可能にする。
③ 「主体―主体」関係の中で学習が展開され、そこで評価が機能する中で「いま―ここ」の自己への気づきが促される。
④ コミュニケーションを手段ではなく、目的としてとらえ、評価として機能を発揮することによって、内発的動機づけに基づいた学習を展開することにもつながる。
⑤ 学習において定着の世界のみならず、生成の世界を重視し、子どもたちの内面に寄り添い、運動を意味解釈していくものとして評価が機能し、新たな運動の意味や価値の認識の広がりや深まりを生む。

　以上のことから、「学習評価としてのコミュニケーション」が子どもたちの学習を支援する教育性の高いものとなるために必要な評価の視点を検討した結果、次の2点を見いだした。

① 評価は結果の値踏みとしてではなく、かかわりの世界そのものを解釈しようとすることによって行われなければならない。
② 評価規準とは、あらかじめ用意された普遍的なものではなく、教師や子どもがもつ目標と深い関連を持ちながら、コミュニケーションを通し、洗練化・明確化し、集団内で了解され、生成されるものと考え、運用しなければならない。

　この2つの評価における視点は自己と他者の間で、見つけた共通の感覚への気づきが重要といえる。なぜならば、かかわりの世界を解釈することは自己や他者への共感によって促進されるし、コミュニケーションの中で生成された評価規準は、その学習集団内の共通了解事項だからである。この共通の感覚は相

似性とも考えることができ、この相似性が与える影響についてポール・リクールは次のように述べている。

「(かかわりの中で見つけた)相似性は自己評価と他者への心づかいとの交換の産物である。この交換は次のように言うのを許してくれる。すなわち、他者を私自身のように評価せずして、私は自分自身を評価することはできない。私自身のようにとは、君もまた、世界で何かをはじめ、理由をもって行動し、選択に順序をつけ、君の行動の目的を評価し、そうすることによって、私が自分自身を評価するように、君自身を評価することができるという意味である。」
(ポール・リクール, 1996)

このことは、授業において他者に「共感」し、評価することが重要であることを示唆する。わが身で他者をわが身のように評価するのである。したがって、他者を評価するということは、自分のからだで他者のからだを生きて評価をするということである。つまり、「いま―ここ」の共有者として生きていることが必要である。したがって、上記の視点に加え、3つ目に次のような視点を加えることができる。

③　教師も子どもも共感的態度をもち、評価を行わなければならない。

第4節　体育授業における「学習評価としてのコミュニケーション」

藤岡 (2000, p.31) は、学習主体において「ひと・もの・こと」や、その相互関係の全体として意識される総体としての世界が人間を教育すると述べる。そして、これを「人間の外部には客観的に存在する如何なる事実もない。そこにあるのはただ世界についての解釈だけである。人は解釈において世界を構成し、その世界によって自己を形成する。子どもは、教育者のかかわりへの意志のあらわれとしての援助のもとで、世界の生成に参加しその諸力を経験する。その経験そのものが自分にとっての意味である。このようにして自分を全体的人格的統一体として、すなわち個性的存在として生成するのである。教育者は

その過程に自ら入り込み、援助し促進する中で、自らも全体的人格的統一体、個性的存在として生成している。」(藤岡, 2000, p.31)と説明する。また、佐伯(1995b, p.48)は、「学びというものを基本的には、『学びがいのある世界を求めて少しずつ経験の世界をひろげていく自分探しの旅』である」と述べる。そして、双方向的な存在である現実の他者との二人称的交流を通して内的対話(吟味・評価・批判・反省など)を豊かにし、学びがいのある学びに導くことの大切さを主張する(佐伯, 1995b, pp.48-78)。つまり、藤岡も佐伯も学習を学習者が他者とのかかわりの中で自己形成をしていくプロセスととらえているといえよう。細江(1999, p.181)もまた、トランスフォーメーションというかかわりに着目し、「学習は、自己・他者・モノとのかかわりと考えられ、学習内容は、関わり合いによって意味付与される現象としてとらえることができる」と定義している。伝統的な学習観に立つ学習では、学習者は、個人として授業に参加し、効率的に教師の設計通りに動くことを求められてきたといえよう。したがって、学習集団としての組織は獲得・定着に対してより有用であるという原則によって選択され、学習集団におけるかかわりも個人の目標達成に対して効率的であるかという観点から選択されることになる。ところが、新しい学習観では学習集団とは、かかわりの渦中における自己形成プロセスを学習と考えるために、個人と個人を結びつける間の集合体としての組織であるといえる。これを伊丹(1999)は、場のパラダイムと呼び、この組織におけるメンバーは自律性が高く、場のプロセスの中で自分がとるべき行動が見えてくると述べる。それは、個人と個人の相互作用によって学習が生成されると考えられるからである。また、自己のアイデンティティは、関係の中で生成され、それが基となり、場の秩序を生成していくと考えられるからである。そこで、教師は、場において共にある他者として子どもとかかわり、そこに生まれる世界を解釈していくことを通して、新たな世界を不断に生成し続け、世界によってそこにある人間の自己形成を促すことになるのである。

第5節　本章のまとめ

　以上のように本章では、学習や指導にかかわり、評価をとらえ直してきた。授業において教師と子ども達は、なんらかの情報を共有しあいながら、コミュニケーションを成立させていく。そして、それは、教師と子ども達をも含む運動世界というシステムにおいて連続的に算出されるコミュニケーションといえる。したがって、コミュニケーションを継続させていくことを前提として学習が成立し、そのコミュニケーション行為の表出そのものを学習ととらえることができる。そこで、学習内容は、その相互行為の営みそのものとして考えることができ、コミュニケーションの産出そのものがそれらを変化させていく。つまり、コミュニケーションが子どもの自己理解を促進させ、教師の指導改善に生かされていると考えることができる。これらは、学習評価の目的と合致するので、コミュニケーションそのものに学習評価の営みが内在されていると考えることができる。このことは、学習における行為は、自己の中に立ち上がる運動の意味に基づく目標に対して行為を連続させるコミュニケーションを通し、評価し、次の行為を生成していくものであることをこれまで述べてきた。このように学習評価をコミュニケーションに内在させた考えが、「学習評価としてのコミュニケーション」である。この「学習評価としてのコミュニケーション」は単なる運動の価値判断ではなく、運動の意味を解釈していく評価であるとした。また、コミュニケーションによって何事かを分かち持ち、分かち持った何かから運動することに意味付与され、行為を生成していくプロセスの中にその機能を見いだした。このことから、「学習評価としてのコミュニケーション」を「運動を意味解釈していく中から行為生成に向けてフィードフォワードとして作用する、コミュニケーションという相互作用の中で機能する評価」と定義することとする。

引用・参考文献

ポール・リクール(1996)他者のような自己自身．法政大学出版局．pp.247-248.
東洋(2001)子どもの能力と教育評価．東京大学出版会．p.129.
細江文利(1999)子どもの心を開くこれからの体育授業．大修館書店．
藤岡寛治(2000)関わることへの意志．国土社．
伊丹敬之(1999)場のマネジメント―経営の新パラダイム．NTT出版．pp.52-62.
鹿毛雅治(2000)教育評価を考える．ミネルヴァ書房．pp.103-104.
佐伯胖(1995a)学びへの誘い．東京大学出版会．
佐伯胖(1995b)「学ぶ」ということの意味．岩波書店．
齋藤孝(2001)「指導力」としての教師の身体性．教育．第51巻第11号．国土社．p.65.
山合健一(2001)教師に求められる「指導力」とは．教育．第51巻第11号．国土社．p.74.
山本俊彦(2000)これからの体育の授業―関わり合いをキーワードに―．こどもと体育．通巻115号．光文書院．

第6章
学習と指導と評価の一体化を目指して

第1節 「学習と指導と評価の一体化」を目指す学習評価

　評価がない方が、よりよい学習が展開されると考えている教師は少なからずいる。それは、知識や技術を獲得し、技能を高めていくことが教育の中心であり、「効率的伝達」の検証として評価が展開されたことにより多くの弊害を生み出した現状を象徴するものである（寺西, 1998, pp.10-11）。また、それは、本来、人を測定したり、評価したりすることは教育活動とは無縁であり、個々人が自分なりの成長を遂げればよいと考えるからでもある（梶田, 2002）。しかし、前章までに明らかにしたように、授業の中で「学習する」、「指導する」という行為には、評価的な営みが内包されており、評価をなくして、学習や指導を考えることは不可能といえる。ところが、これまで、評価をよくするために、ある狭い領域に限定された指導や学習活動を行ったり、評価が人を格づけたり、評価結果が子ども、保護者、教師にとって過大な心理的重みになることにより評価のための教育になったり、評価をあげることにつながる学習ばかり重視されてきたために、評価が学習と指導を制約してきたといえる。つまり、評価は、学習や指導と乖離していたのではないだろうか。そのために、体育の評価では、「教師による学習者の評価に終始している」（高田, 2002）、「評価している内容が授業で指導したものかどうかわからない」（高田, 1997）、「価値判断のための手段とされている」（鹿毛, 2000）といった問題が指摘され、適正に評価が機能していないと批判されているのである。
　すなわち、学習と表裏一体となる評価と指導と表裏一体となる評価が一体と

なり、授業で機能することが重要であり、これをその特徴から「指導と評価の一体化」というよりは、「学習と指導と評価の一体化」と定義する方がより適切であろう。つまり、評価は目指す学習や目指す指導のありようによって大きな影響を受ける。同時に、指導は目指す学習によって影響されるために、評価について論じる上では、学習とともに考え検討を行うこととする。そこで、本章では、学習するということは、何かということに対する見方を「学習観」と定義し、評価とは何かということに対する見方を「評価観」と定義して、検討を進めることとする。

　ところで、1998(平成10)年に改訂された小学校学習指導要領（文部省, 1998, p.1）では「自ら学び、自ら考える」という「生きる力」の育成の場として学校を考えるようになった。この考えを受け、小学校学習指導要領解説体育編（文部省, 1999, pp.1-4）では体育の学習と生涯スポーツとの密接な関連が明記されている。また、体育科の目標は「心と体を一体として」とらえた上で、運動に親しむ能力の育成、健康の保持・増進、体力の向上を目標としながら、楽しく明るい生活を営む態度を育てることとある（文部省, 1998, p.80）。さらに、評価の観点は、「意欲・関心・態度」、「思考・判断」、「技能」、「知識・理解」という4観点で捉えており、情意的な部分と技能的部分を分離して評価しようとしている。つまり、学習指導要領からは、「心と体を一体として」という文言や4観点による評価の考え方からもわかるように、「こころ」と「からだ」を別々のものとして捉える身心二元論を基盤においた身心一如の立場にたっているといえよう。ところが、本質的に「心と体を一体」としてとらえ指導を進める上では、「からだ」と「こころ」が分かちがたく結びついているという身心一元論に立つ必要がある。つまり、子どもの学習を「こころ」も「からだ」も含めた行為全体でとらえる必要がある。それは、体育における学習の事実は、動きの現象として捉えられることが多く、評価の4観点のどれもが密接に関連していると考えられるからである。実際、それらは不可分に関係しているだけに別々に評価することに難しさを感じている教師は多い。つまり、評価にあっては、学習を全体として捉えている教師がそれを無理矢理分断し、それぞれの観点別の目標に基づいて評価していくのである。したがって、

教師や子どもはあらかじめ設定した観点別の目標にとらわれてしまい、それは、学習の文脈とは切り離され、価値判断が行われてしまうのである。

しかし、寺西（1998, p.12）は、このような状況にあって、目標は変化するものと考え、子どもの学習の文脈を大切にする必要があると述べる。これは、生涯スポーツとも関連し、体育では自己教育力の育成が大きな目標となり、そのために自己評価能力の育成が求められると考えられるのである（安彦, 1996, pp.10-13；寺西, 1998, pp.10-11）。また、自己評価を体育授業で重視すべきであるという考え方（青木, 1992）もある。さらに、「評価観」も「集団に準拠した評価」から「目標に準拠した評価」へと転換された。田中（2003, pp.10-13）は、「目標に準拠した評価」の課題を、目標を規準とすることで、そこからはみ出す子どもの活動を見逃す可能性があること、子ども達にとって外的な評価となりやすいこと、子どもの学習の成果に着目するあまり、プロセスを丁寧に読み取ることが課題であると述べる。そして、「目標に準拠した評価」と「個人内評価」を結合して考える必要があり、「目標に準拠した評価」の抱える問題に応える上で、「ポートフォリオ評価」に注目している（田中, 2003, p.12）。実際、体育では、梅澤（2002）が「ポートフォリオ評価」を活用した授業実践の報告を行っている。また、学習をトータルにとらえるために、渋谷（2000）は、「目標にとらわれない評価」である「ゴール・フリー評価（goal-free evaluation）」をこれからの教育では重視するべきであるということを教育課程審議会で意見発表している。

ところで、これまでに、授業中に不断に交わされるコミュニケーションに着目し、コミュニケーションに内在させた学習評価を重視する必要があることを示唆し、これを「学習評価としてのコミュニケーション」と概念規定した。そして、「学習評価としてのコミュニケーション」を大切にした授業展開がなされることで、学習評価が子どもにとって学習を支える目的行為として位置づくことも示唆してきた。つまり、あらかじめ目指すべき"かたち"を設定し、それに向けて学習、指導するのではなく、"かたち"を創造していくプロセスそのものを学習、指導とみる立場として本書では一貫して評価を捉えてきた。

ところが、このような方法が実践化されると、その表面的な"かたち"であ

る「やり方」のみが一人歩きしてしまい、結局は、「やり方」が子どもの運動を枠付けることになる。それは、学習観の転換に伴って、評価観を転換させたところで、授業という文脈の中で生成される評価と関連する諸概念は転換されずに、評価の「やり方」だけ真似するために、矛盾が生じてしまうからである。そこで、本章では、学習観の転換に伴う評価の考え方について整理していくこととする。

第2節　解釈的パラダイムにおける学習評価

（1）　学習観の立つパラダイム

　教育には、教育する側と教育される側があり、これまで、教育する側の「教える」という行為に重点が置かれてきた（河合, 1992）。これは、学習者が、受動的な存在であり、教えられた知識、伝えられた知識を身につけるものであるという伝統的な学習観（稲垣ら, 1989, pp.4-20）と結びついている。したがって、体育では、身につけるべき技術を定着させ、さらに、技能を向上させていくことを学習の中心に授業が展開されるのが一般的であった。

　そして、現実の学習状況において、このようなことにより生まれている問題状況の進行から、海野（2000）は、授業における"教え―学び"の探求と子どもによる〈共同〉〈参加〉〈自治〉を保障するものへと改善し、「教え中心のカリキュラム」から「学びを中心としたカリキュラム」への転換が必要であることを述べ、次のように整理している。

- 学校知とそれのお仕着せ性の克服
- 銀行型学習から問いかけ学ぶ＝生成的な学びへの転換
- 教室・教科に閉じた学びから開かれた学びへの転換
- 「はじめ・なか・おわり」の完結型から自然な学びがもつ時間の伸縮性への着目
- 垂直的な"教師―子ども"関係から水平的な関係へ
- 学びの身体性の回復

・画一的で孤立的な学習から個性的で共同的な学びへの転換

これらの転換を考える上で、ウィルソン（1971）が区別する「規範的パラダイム」と「解釈的パラダイム」といった2つのパースペクティブからとらえると理解しやすい。

伝統的な学習のように、学習内容や学習経験は、どの学習者にとっても同じように意味や価値があると捉えられており、主体と客体の分離を前提にして、主体である個人が客体としての知識や技能を自己の内に取り込むことが学習であると考える立場は、規範的パラダイムと一般的に呼ばれている（藤田, 1995, p.104）。

一方、学習の意味や価値は文脈に応じて変わるという立場を解釈的パラダイムと呼ぶ（藤田, 1995, pp.107-109）。

三沢（1988）は、アメリカ社会学の動向から、これらの2つのパラダイムの違いによるパラダイム革新を対立ではなく、統合という立場に立ち、相補的関係としてとらえるのである。しかし、ピーターら（2003, pp.43-52）が明らかにするように、社会的相互作用によって、子ども達は、授業という場にあると考えることができる。つまり、学習者は、他者の行動の意味を解釈し、現実を再構成していると考えることができる（藤田, 1992, pp.150-154）。したがって、本書ではこれまで、解釈的パラダイムの立場に立ち、学習を捉えてきたといえる。

これまで体育では身につけるべき内容や経験すべきことがらが価値あるものとして予め決められて学習が展開されるのが一般的であった。したがって、このような学習において、子ども達は達成・向上を運動する意味として見いだすことが求められるのである。そこでは、運動を行う上で、達成・向上という特定された意味や価値を獲得できれば、運動を楽しむことができるが、そうでなければ、それを獲得するために努力を重ねることになる。結局、それを獲得できるあいだは、運動を楽しむことができるし、そうでなければ、「運動オンチ」のレッテルが貼られ、運動を避けたり、運動が嫌いになったり、というように運動することへの意欲低下の可能性が高くなる。つまり、このような考え方は、運動を好む者とそうでない者の二極化を生む原因ともなっていたといえる。このことも、学習の意味や価値は状況と文脈に応じて変わるという解釈的

パラダイムに立ち、学習を考える必要があるという理由の1つである。

（2） 解釈的パラダイムにおける学習評価

ところで、学習評価の機能は3つにわけて考えることができる。1つ目は、学習者の自己理解・自己評価の援助であり、2つ目は、指導者が指導の成否を確認するためである。そして、3つ目に、指導要録等の記載に役立てることである。

これらは、規範的パラダイムに立った学習では、厳密かつ、客観的に学習者に獲得された学習者の技能や知識を検出し、それを把握することによって、知識や技能の体系にもとづいて系列化された順序にしたがって、確実に子どもに伝達していく学習指導を進める上で機能してきた（佐伯, 1995b, pp.2-4）。一方、解釈的パラダイムでは、学習の意味や価値が同一ではないという立場に立っているために、知識や技能のまとまりの獲得状況を厳密かつ、客観的に検出することは難しい。これは、アイスナー（1977, pp.345-358）の教室内で生じる教育現象の幅広さ、豊富さ、複雑さは、科学的方法で測定できることを越えているという指摘からも明らかである。

これまで行われていた体育で、ただ教師が情報を伝達し、伝達状況を評価して、その伝達方法を改善していくことの繰り返しを行う評価という堅苦しい場が子どもの活動を限定、制限、方向づけて追い詰めてきた。体育では、杉本（2000）が指摘するように、「からだ」はどんな生産に役立つのかという評価と、そのためにはどうあらねばならないのかと、繰り返し問い続けられてきたものだから、いつしか「からだ」そのものが感じる「気持ちよさ」を捨象してきたのである。このようなことを杉本（2000）は、「こころ」は「からだ」から追い出され、「こころ」が「からだ」に共感することを忘れていたようだと指摘している。つまり、評価するという営みによって、全体としてとらえられていた行為が、無理やり意欲・関心という「こころ」と技能という「からだ」へと「分離」に向かわせていたのである。このような評価は、規範的パラダイムに基づく学習において、学習と不可分に結びついてきたのである。

ところが、解釈的パラダイムに基づく学習では、状況と文脈における学習者

の意味が大切にされる。そこで、「こころとからだ」を分離させて評価を考えることは難しいのである。

このような見方から品田（1997）は、機能優先から意味充実の発想の大切さを述べ、スポーツを生涯にわたって実践していくことの自分にとっての意味や価値を学習者が主体的に探求し、獲得していくことを体育に求めている。言い換えれば、規範的パラダイムにおける学習が、価値ある技術や知識を既定し、その定着による「体つくり」という身体機能の発達を優先していたのに対し、解釈的パラダイムでは、「運動する私」の意味や価値を大切にする意味充実の視点へシフトしたといえる。そして、この意味充実に焦点を移した社会理論の変化として、今田（1994）は以下の表のようにとりあげている。

表6-1　機能優先・制御から意味充実・支援へのパラダイム・チェンジ

これまで	これから
効率・能率・合理性の追求	生きがい・ゆとり・心の豊かさ・自己実現の追求
決められた成果の達成 マニュアル・ワーク ルーティン・ワーク	新しい目標・アイディアの創造 自分なりの意味（差異）の探求 付加価値創造
「機能優先」の発想による制御システム （制御によってシステムを管理し「変える」）	「意味充実」の発想による支援システム （組織成員の自己組織性および相互作用によって内生的に「変わる」

＊ここでは、およそ1970年代以降の考え方を、"これから"とした。

この考え方を援用すると、規範的パラダイムに立つ学習では、評価が、学習内容の価値判断として機能するのに対して、解釈的パラダイムに立つ学習では、評価とは、授業という場で起きている学習の事実を解釈しようとすることによって、子どもとかかわり続け、学習を連続させていくことになる。そこで、以下の図のように、規範的パラダイムに立つ学習評価と解釈的パラダイムに立つ学習評価を説明することができる。

規範的パラダイムに立つ学習評価では、あらかじめ設定された目標との比較

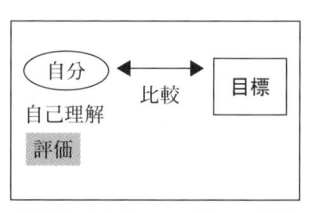

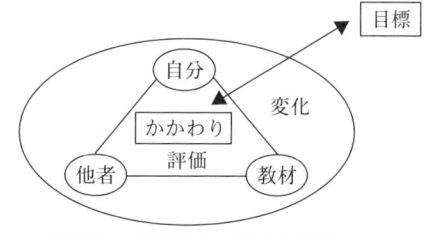

規範的パラダイムに基づく評価　　解釈的パラダイムに基づく評価

図6-1　学習評価の比較

から価値判断を行い、その結果によって、活動を修正・促進させていく。一方で、解釈的パラダイムは、授業の文脈によって、学習の意味や価値が変わるために、その文脈ごとそこに生きる子どもや教師の意味や価値を解釈することによって、学習を構築するために生きた情報を提示し、その状況と文脈に変化を与えていくものである。つまり、その状況と文脈そのものが、学習空間であり、その変化に評価は寄与するものである。

　どちらの場合も、学習のこれからに評価を生かすことが求められるが、規範的パラダイムでは、意味や価値ある「動き」が既定されているために、その動きを修正・調整する手がかり情報となる。一方で、解釈的パラダイムに立つ学習評価では、運動が子ども達や教材・運動環境などの「モノ」との関係において生成された現象ととらえることができる。そして、その子ども達や教材・運動環境は、運動において"ある"という場所としての要素も持っているので、1つの「世界」（山田, 1985, pp.2-5）と考えることができるのである。つまり、体育において子ども達や運動にある「モノ」が無関係に並存するのでなく、何らかの仕方で関係しあうことによって「世界」を織り成しているといえる。このように、解釈的パラダイムに立つ評価では、運動を「動き」ではなく、「世界」としてみて、評価を考えることによって、授業における評価の果たす機能の転換を考えることができる。

第3節　授業における学習評価の実際

（1）学習評価の機能保障

　運動の「動き」ではなく、運動の「世界」を解釈するような評価では、「私個人の動き」を取り出して、「私の動く感じ」や「私の動きのイメージ」を評価することは難しい。それは、常に、他者やモノとの世界を織り成す私がいるからである。つまり、他者やモノとのコミュニケーションという「私」と「あなた」の"あいだ"に着目する必要がある。そこで、子どもの自己理解・自己評価の援助として学習評価そのものをコミュニケーションに内在させて考える必要がある。また、教師が子どもの学習を解釈しようとすることによって、共感的・共振的理解が深まり、子ども理解につながるとともに、それを手がかりにした教師の働きかけは、子どもの自分なりの意味の探求を支援することにつながる。したがって、コミュニケーションが豊かになるということは、他者を介した自己評価・自己理解が深まることに他ならないのである。

　また、教師自身が指導の成否を確認するということは、授業の中で、子どもやモノとかかわる教師に対する評価である。したがって、かかわり続けることによって教師は、自らの指導を変化させていく。つまり、運動の「世界」に生きる自分を変化させ続けているのである。

（2）学習評価の実践

　以上のような検討をもとに、学習評価の実践について日常の行為における評価、授業をひとまとまりとした評価に分類し、整理すると以下のようにいえる。

1）行為レベル

　評価の最も基本的な単位は行為である。したがって、行為の連続するコミュニケーションには、評価としての機能が内包されている。コミュニケーションの渦中では、常に過去を背負いつつ現実世界を生きている。「いま―ここ」における関係性が、授業という場の雰囲気や勢い、そして秩序を生成している。

この授業という文脈と状況にいる「私」を評価すること、つまり、自己評価することが第一に求められ、学習の出発点でもあり、学習の基盤ともなる基礎・基本を自分の身体を知るという「身体気づき」に求めるのである。

そのためには、学習評価として、「私にとっての私の対他身体」（市川，1992, pp.73-104）を、他者の身体を通して見いださなければならない。他者によって「私」が、どのようにみられているかを考えることは、その状況と文脈に身を投じ、「私」を見つめることであり、授業という場における「私」と「あなた」と「教材」の"あいだ"を評価することに他ならないからである。

したがって、このようなことを前提として、コミュニケーションを通して、教師や仲間との間で共通に了解された評価規準が生まれると考えられるのである。したがって、コミュニケーションの深まりとともに、私の評価が私達の評価となり、同時にあなたからの評価にもつながるのである。つまり、自己評価を基本としながら、そこには他者評価も内包することとなるのである。このような状況では、学習や指導と評価は、不可分なものであり、同時に重なり合っていて境界が曖昧なものとなる。したがって、学習と指導と評価は一体となっているといえる。

2） 授業レベル

行為の連続した一区切りとして、授業レベルの行為の総体がある。個別の行為において、それぞれの意味や価値を立ち上げているものを、もう少し大きなまとまりとして、子どもが意味や価値を生成し、学習を生み出していくものとなる。つまり、自分なりの意味の探求による運動世界の生成の手がかりとして評価が位置づく。これは行為の総体に対する自己充実感を得ることによって、意味や価値を探求し、運動世界を生み出すものである。したがって、授業レベルにおいて評価するということは、授業後のこれまでの経験の総体をもとに生まれた「いま―ここ」にいる自分を見つめ、運動世界の生成者として意味や価値を探求し、学習を自分の中で価値づけていく営みともいえる。

これまで行為において行われていた評価は、次の行為を連続させるために、即時的に行われていたのに対し、授業レベルの評価は、私の運動世界の見通しを持たせ、活動の方向性を持たせる。これらが、成員間で交流されることによ

り、活動のめあてが創発されることになり、仲間のあいだでそれらが共有されるようになることによって、活動が太い束になり、活動に勢いが生まれるのである。

第4節　本章のまとめ

これらの検討から明らかになった、規範的パラダイムにおける学習評価と解釈的パラダイムにおける評価の違いを整理すると次のようにまとめることができる。

表6-2　学習観の違いによる評価を支える見方の相違

	規範的パラダイム	解釈的パラダイム
身体の捉え方	身心二元論的な見方	身心一元論的な見方
体育におけるからだ	体づくり	身体への気づき
体育の目標	決められた成果の達成	自分なりの意味の探求
運動の捉え方	動きとしての運動	世界としての運動
評価の捉え方	価値判断	意味の解釈

規範的パラダイムでは、例え、「こころ」と「からだ」を一体としている身心一元論を前提にしていたとしても、結果的に、意欲・関心などの内面の「こころ」の部分と技能などの現象として現れる「身体」を別々に客観的に捉えようとしている（身心二元論的な見方）。それに対して、解釈的パラダイムは、「身体」そのものの立ち現れに「こころ」も「からだ」も含めて解釈しようと試みる（身心一元論的な見方）。また、体育の目標は、規範的パラダイムでは「決められた成果の達成」に置かれるために、体力を高めるという「からだつくり」が重視され、解釈的パラダイムでは、「自分なりの意味の探求」を目標とするために、自分自身の「身体への気づき」が重視される。したがって、規範的パラダイムでは、運動が「動き」と捉えられるのに対して、解釈的パラダイムでは、「世界」として捉えられるのである。以上のようなことから、評価は、規範

的パラダイムでは、「価値判断」としてはたらくのに対して、解釈的パラダイムでは、「意味の解釈」としてはたらくことが見いだされる。このような学習評価が「学習と指導と評価の一体化」を支えているといってよかろう。

引用・参考文献

安彦忠彦（1996）論説　教育の転換と評価．学校体育第49巻第12号．日本体育社．pp.10-13.

青木眞（1992）自発的な学習を促す子どもと教師の評価活動の進め方．学校体育第45巻第6号．日本体育社．

Eisner, E.W.（1977）On the uses of educational connoisseurship and criticism for evaluating classroom life. Teachers College Record, 78（3）, 345-358.

藤田英典（1995）学習の文化的・社会的文脈．佐伯胖・藤田英典・佐藤学編：学びへの誘い．東京大学出版会．

藤田英典（1992）教育社会学におけるパラダイム転換―解釈学・葛藤論・学校化・批判論を中心として―．森田尚人・藤田英典・黒崎勲・片桐芳雄・佐藤学編：教育学年報1『教育学研究の現在』．pp.150-154.

市川浩（1992）精神としての身体．講談社学術文庫．pp.93-104.

今田高俊（1994）自己組織性の射程．組織科学第28巻第2号．

稲垣佳世子・波多野誼余夫（1989）人はいかに学ぶか．中央公論新社：東京．

鹿毛雅治（2000）学びの場で経験される評価―豊かな学びが生まれるために．長尾彰夫・浜田寿美男編：教育評価を考える．ミネルヴァ書房．pp.73-115.

梶田叡一（2002）教育評価〔第2版補訂版〕．有斐閣．

河合隼雄（1992）子どもと学校．岩波新書．pp.32-35.

三沢謙一（1988）規範的パラダイムと解釈的パラダイム．新睦人・三沢謙一編：現代アメリカ社会学理論．恒星社厚生閣．p.341-343.

文部省（1998）小学校学習指導要領．文部省．

文部省（1999）小学校学習指導要領解説体育編．文部省．

ピーター・L・バーガー／トーマス・ルックマン（2003）山口節郎訳：現実の社会的構成（新）―知識社会学論考―．新曜社．pp.43-52.

佐伯胖（1995）文化的実践への参加としての学習．佐伯胖・藤田英典．佐藤学編：学びへの誘い．東京大学出版会．

渋谷憲一（2000）教育課程審議会第3回総会議事録（2000/02/22）．http://www.mext.go.jp/b_menu/shingi/12/kyouiku/gijiroku/001/000201.htm（2003/05/23）．

品田龍吉（1997）授業に先立つ教師の指導性．学校体育第50巻第8号．日本体育社．p.14.

杉本厚夫（2000）がんばリズムからゆったリズムへ．学校体育第53巻第1号．日本体育社．

p.13.

高田俊也(2002)体育科の評価.高橋健夫・岡出美則・友添秀則・岩田靖編:体育科教育学入門.大修館書店.pp.118-119.

高田俊也(1997)体育科の学習評価論.竹田清彦・高橋健夫・岡出美則編:体育科教育学の探究―体育授業づくりの基礎理論.大修館書店.pp.322-324.

田中耕治(2003)体育科教育第51巻第6号.大修館書店.

寺西和子(1998)生涯学習社会と教育評価論.体育科教育第46巻第9号.大修館書店.

梅澤秋久(2002)体育でのポートフォリオ評価―長期間にわたる子どもの見つめ方―.体育科教育第50巻第9号.大修館書店.pp.30-33.

海野雄三・黒川哲也・口野隆史(2000)授業のオートポイエシスと授業研究.―教えと学びの生成過程をとらえる体育授業研究の探求―.山口大学教育学附属教育実践総合センター研究紀要第10号.

Wilson (1971) Normative and Interpretive Paradigms in Sociology, in J.D. Douglas ed., Understanding Everyday life.

山田晶(1985)世界の意味.新岩波講座 哲学4 世界と意味.岩波書店.pp.2-5.

第7章

「学習評価としてのコミュニケーション」のコンセプト

第1節　授業場面の解釈

　評価と関連する諸概念を本章では、評価のコンセプトと定義し、このコンセプトの転換を提示していく。それは、この評価のコンセプトを明らかにすることによって、実践上の手がかりを獲得し、本質的に「学習と指導と評価の一体化」をはかることができると考えるからである。ここで問題とするものは教師や子ども間が生み出す授業という空間における状況と文脈の中で、評価という行為に伴って生まれるコンセプトである。つまり、人や状況と密接に結びついた知見を明らかにする必要がある。このような研究をする上では、実証的なデータをもとにして帰納的に理論を構築していく立場をとる質的研究が必要とされる（ウヴェ, 2002, pp.4-5）。そこで、人と人の行動、もしくは人とその社会および人工物との関係を、人間の営みのコンテキストをなるべく壊さないような手続きで研究するフィールドワーク（箕浦, 1999, pp.2-6）をもとに分析・解釈を進めていく。

　まず、フィールドワークを進める上で、フィールドとなる授業という場を観る「学習観」について明らかにする。そして、それらの「学習観」の基盤となるものをパラダイムとして、フィールドワークを行う上での見る視点としていきたい。

　フィールドは、J中学校2・3年生合同による体育授業である。授業は、週に3時間あり、サッカーとバスケットボールの選択である。バスケットボールの選択者が60名で、サッカーの選択者が18名と圧倒的にバスケットボールが

人気である。ここでは、以下の3点により、サッカーにおけるフィールドワークを行うこととした。

① 球技種目のようなオープンスキル型の学習では、かかわりが強く求められるとともに、表出されやすいので、データの抽出を行いやすい。
② 60名にも及ぶ人数によるデータの抽出よりも、18名という人数が、個々の関連性を読み取りやすい。
③ サッカー選択者は、これまでの授業で運動に消極的な生徒が多いことから、評価という行為がどのように影響を与えるか解釈しやすい。

対象生徒は、中学校2・3年生男子10名、女子8名の18名である。この生徒達は、筆者がフィールドワークに入るまで、戦術を工夫しながらゲームをしようということをねらいにして男女別に4時間のゲームを行ってきた。筆者は、フィールドワークに入る以前に、技能格差が広がり、ゲームを楽しむことができない状況と、女子生徒の活動が消極的であるという報告を受けた。そこで、これらの状況と文脈を読み取りながら、授業を構成する参与者となり、自らが指導者となることとした。したがって、このフィールドワークの参与観察の手法は、参与者と観察者の二重の役割を遂行することによってなされるものである。それは、参与観察という営みそのものが評価行為であり、ここで取り上げた授業のように、これまでの授業の文脈や子どもとの人間関係という文脈をもっていない筆者自身が授業をすることで、個々人に対する先入観というバイアスを排除することができ、子どもの生の姿から分析が進められると考えたからである。

分析対象は、2002年6月にJ中学校2・3年生で実施したサッカーの授業実践である。本実践は、次のような単元計画に基づいて展開された。

単元は、6時間で構成した。テーマを、「自分たちのチームの特徴を生かしてゲームを楽しもう！」とし、世界として捉えた運動を子ども達が自分なりの意味の探求を通して生成していくことを目指していった。そのために、Jキャンプタイムという、チームの中で行い方を考えてゲームを展開していくチーム内ゲームにおいて協働した学習を展開させるようにした。また、J杯を毎時間の後半に設け、他チームとのゲームを行うことによって、各チームに立ち上

がった運動の意味を交流させることで、運動の世界の楽しさを拡大させることができるように展開していった。

第1時に教師がゲーム提示をして学習をスタートさせた場面において立ち現れた子どもの学習を抽出し、状況的手がかりを踏まえながら解釈したものが表7-1である。

表7-1　中学2・3年生球技（サッカー）単元計画

時数	1	2	3	4	5	6
学習の展開	テーマ 自分達のチームの特徴を生かしてゲームを楽しもう！ ① J（J中）キャンプタイム 　※チーム内でのゲーム 　1〜3は教師がゲーム提示、4〜は生徒主導 ② J（J中）杯 　※チーム間でのゲーム					

この解釈から、評価に関わる学習評価のコンセプトを考える視点を抽出する。

まず、何らかの評価情報をきっかけに学習が生まれている事実から、学習評価によってどのような学習を生み出したかということを問題にしなければならない。これは、体育における学習内容の問題といえる。次に、学習内容との関連で、学習者が運動に意味を生成することと関連して目標を生み出していく様子がわかる。そこで、この目標はどのように設定されているのか検討が必要となる。そして、目標が生み出される上で、その設定の主体は誰にあるのかということも検討が必要である。3つ目に、子どもの学習を生みだす上で、評価情報が機能していることがわかるが、それらの評価情報の提供者は誰であるのかということである。つまり、評価情報は1つではないことは子どもの学習場面からも見いだされることであり、その複合的な評価情報が直接的に学習にどのように結びついていくのかということを評価主体という観点からとらえ直す必要もある。4つ目に、表7-2からも学習に変化があらわれていることは明らかであるが、評価情報が、どのように機能したかによって、新たに学習に変化が

表 7-2　授業場面の解釈

	抽出場面	学習のあらわれ（意味）	かかわり合い	学習の意味づけを助けた評価情報
ドリブルゲーム（ゾーンゴール：パスやドリブルでゴールラインを越えたら得点）	一定のルールのもとでゲームを行っている。	なかなかゲームが進行しない。どのように進めるかを模索している状態。指示に基づいてゲームを行おうと試みている。	教師の指示に枠付けられたゲームを忠実に行おうとする。	・教師側のゲーム提示 ・仲間の動き
	教師へゲームの行い方を繰り返し聞く。	ゲームを進めるために、ゲームの行い方を確認する。教師の指示に従ってゲームをしようとする姿がある。	ゲームの行い方が、自分の身によって分節化されていないために、戸惑いが生まれる。	子ども間のゲームに対する認識。
	教師がゲームに入って一緒に活動する。	これまでルールという認識が先行していたものが、教師によってボールをめぐる攻防場面がもたらされたことにより、ゲームがスタートしはじめた。	ルールに囚われていたからだが、ボールをめぐって行為する中で、解放され、「私」と「あなた」と「ボール」の織り成す世界をサッカーとして生み出していった。	・ボールをめぐる攻防 ・教師の動き ・仲間の動き
	動き始めた他のゲームを見て、ゲームを始める。	「おもしろそうだぞ」、「あんなふうにやるとよさそうだ」、「はやくゲームをはじめなくては」というような思いがゲームをスタートさせていった。	他チームのゲームをみることから賛同的・交換的なかかわりが暗黙裡になされ、学習を生み出すことにつながった。	・他チームのゲーム ・仲間の動き ・ゲームの勢い ・ゲームの秩序
	横長のコートでのゲームをするAチーム。	パスでボールをつなげようとすると、ボールがゴールラインをわってしまい、ゲームが切れ切れになってしまい、ドリブルでの攻めが増え、一部の生徒だけの動きが目立っている。	ボールを操作するという技術がこのチームの生徒にとってはやさしくなく、自分たちには合わないゲームになっていた。	・私の身体 ・私達の身体
	縦長のコートでのゲームに変更するAチーム。	パスがつながるようになり、動きが生き生きしてきた。	パスをするために自分たちにあったコートになったことによって、コートという場に自分たちなりのゲームをする意味や価値を立ち上げていた。	「私」と「あなた」と「ボール・コート」との"あいだ"に生まれたもの
	男女別れてゲームをするBチーム。	男子は積極的にゲームをしているが、ゲームが進まずに、ボールのけりあいになり、男子の盛り上がりを横目に、次第に意欲を失う女子のグループがある。	ボールを蹴るという運動技術と私の関係が他者とのあいだにひろがることができずに、競り合いの状況を生み出すことができない。ゲームの楽しさを味わう可能性の低さを他者のゲームをみて感じ	・私にとっての私の対他身体 ・他者の姿

第 7 章 「学習評価としてのコミュニケーション」のコンセプト　77

		取っていった女子は動きをますます遅滞させてしまう。	
男女で対抗してゲームをするBチーム。	勝敗の未確定性が保障されずに、ゲームにあき始める生徒達がいる。	攻防入り乱れというゲームのかたちは生まれるが、決定的な運動技能の差によって、「私」と「あなた」のあいだに生まれたゲームではなく、「私」だけの個々人のゲームの集合体になっている。	チーム間のゲームをする上で必要な運動技能の差
男女混合でゲームをするBチーム。	男女混合で競り合いの場面が生み出されることによって、チームの中の「私」が自覚され、動きが激しくなってくる。	偶然性が拡大し、ボールをめぐって、各々がかかわり合いをもつことができるようになる。チームにおける私の位置を自覚し、「私」と「あなた」のあいだのひろがりによってゲームが活性化する。	ゲームという場
ゴールをめぐってもめているCチーム。	ゴールをする際にそれがドリブルでこえたのかパスで越えたのかでもめている。	ゲームの行い方に対する認識のズレを交流させている。秩序形成に向けての大きなきっかけとなっている。	ゲーム認識のズレ
ゴールラインの前にラインを引いてゲームをするCチーム。	ゴール前2、3mのところにラインを引き、ここからドリブルで越えたときのみ得点にするというルールを付け加える。	集団間に共有された了解事項が形成される。「私」の規準が「私達」の規準になった。	集団了解された評価規準
ボールに触れずにぼんやりたっている生徒のいるDチーム。	まわりの動きについていけずに、ぼんやりとゲームを見つめている生徒がいる。	「他者」や「サッカー」とのかかわりを持とうと思ったが、自分の関係が断ち切られてしまった状況である。	ゲームという場にできあがっている関係
ボールを2個にして取り組むDチーム。	ボールを2個にすることで、動きがうまれるようになる。	断ち切られていた関係を状況を変えることで再び取り戻した。	ゲームという場にできあがっている関係
見学者によって、ゲームの行い方が交流される。	見学者の発表によって、ゲームの変容がしらされ、学習への気づきが生まれる。	「いま－ここ」を基点とするゲームが変容する渦中の「私」の履歴を認識することで、振り返る。	・他者評価 ・自己評価

起きたかを確認し、学習を生み出しているのかということを検討する必要がある。これは、評価の機能に関する問題である。5つ目に、学習を変化させていく上で、評価が機能していることがわかるが、その評価の働きについての検討が必要である。そこで、評価規準がどのように設定されていたのかということも明らかにする必要がある。6つ目に、このような学習を生み出す上で、何ごとかを対象として評価することによって、その情報を提供していることがわかる。そこで、評価の対象は何かという検討が生まれてくる。

第2節　学習評価の矛盾

規範的パラダイムにおいて実践される評価を、これまで主張されてきた評価論（市村, 2002, pp.39-44；梶田, 2002；辰野, 2001）をもとに整理すると、この学習評価を実践する上での上述した7点のコンセプトは次のようになる。

表7-3　規範的パラダイムにおける学習評価実践上のコンセプト

学習評価運用上のコンセプト	コンセプトの具体的な内容（規範的パラダイム）
学習内容	あらかじめ誰にとっても価値あるものとして用意されている
評価目標	教師がねらった目標を子どもに転移させる
評価の主体	教師中心の評価
評価の機能	フィードバック機能による修正・調整が中心
評価規準	有用規準，原則規準
評価対象	子どもの活動の結果（過去）の動き
評価のあらわれ	記号（数字・文字）

ところが、この表で整理した評価に基づいて、この授業における学習を見ると、矛盾が生まれ、授業解釈にズレが生まれる。例えば、ここで生まれた学習は、多義的であるにもかかわらず、どれもが意味や価値を持つものと捉えられ、教師の強いリーダーシップによって方向づけることはできない。つまり、学習内容そのものの捉え方が規範的パラダイムのコンセプトでは解釈が不可能である。

したがって、このように解釈的パラダイムに基づいた学習では、規範的パラダイムに基づいた学習における評価とは相違があることは明らかである。そこで、学習の事実を詳細に検証することによって、解釈的パラダイムにおける学習評価のコンセプトについて、同様の項目に視点をあて、明らかにしていくことにする。

第3節　学習評価に関わる新しいコンセプト

（1）学習内容

規範的パラダイムでは、学習内容は獲得すべき知識や技術が中心であった。そして、同時に、学習内容は、定着・向上を目標とする内容でもあった。しかし、宇土（1969, pp.11-13）は、学習内容の概念に関わって、「目標」と「内容」の混同に注意を払うべきであると示唆しており、「内容」とは教える事柄であって、活動の結果そうなりたいという目標ではないことを強調している。この考えでは、定着すべき目標として学習内容を取り上げてはいないが、学習されることがらは、竹之下ら（1965, 1972）の研究により、「運動技術」を中心に、「ルール・マナー」「健康・安全な行動のしかた」が学習内容として明確化され、それらの構造化が問われてきたことからも、予め用意されたものと考えることができる。

しかしながら、解釈的パラダイムに基づく授業実践では、授業という場に絶対的な学習内容を用意した教師がいないために、学習内容はあらかじめ用意されるものとしてのみ考えられるのではなく、状況と文脈に応じて場で創発されるものとしても考えることができる。このことを、伊丹（1999, pp.114-125）のヒエラルキーパラダイムと場のパラダイムの比較を援用し、体育の学習でとらえるならば次のように比較できる。

もちろん、教師のリーダーシップが無いわけではない。事実、学習の初期では、教師がゲームの行い方を提示したり、学習が遅滞しているときには、教師がゲームに介入したりしている。これは、教師の場への積極的な参入である。

表7-4 規範的パラダイムと解釈的パラダイムの比較

	ヒエラルキーパラダイム	場のパラダイム
	規範的パラダイム	解釈的パラダイム
学習集団	意思決定する個人の集合体	情報的相互作用の束
教師の指導	決定し、命令し、動機づけること	方向を示し、土壌を整え、承認すること
指導の焦点	システム設計とリーダーシップ	場の生成とかじ取り
教師の役割	先頭に立ってリードする	流れを見ながらかじを取る
	中央に情報を集め、自分で決定する	学習者に任せ、ときに自ら決断する
学習者の役割	与えられた学習を遂行する	学習の細部は自分でつくる
	想定外事項は、教師と相談して決める	想定外はまわりと相談しながら自分で働く

しかし、それは、教師が決定し、子どもに命令するのではなく、方向づけ、土壌を整えたものなのである。そこでは、学習内容の多くが創発されることは、授業における子どもの学習の解釈からも明らかである。

(2) 評価目標

学習内容をめぐる議論から、評価目標は、あらかじめ設定されるものとしてとらえるものではないことを明らかにした。それは、子ども達が学習に変化を与えていく上で、あらかじめ設定した評価目標との比較を行っているわけではないことを示している。学習者である子どもあるいは、指導者である教師も、評価目標を持った「私」が評価目標を含めて学習を解釈しようと試みるのである。このことによって、子どもが学習を進めるにしたがって、集団内秩序を生み出し、「私の活動」から「私達の活動」に変容するのである。つまり、個人として主観的であった評価目標が、それらの交流により、集団内で客観化される評価目標となることが理解されるのである。したがって、評価目標は教師が与えるものではなく、相互行為の中で生み出していくものであると考えられるのである。

(3) 評価の主体

相互行為とは、教師と子ども、子どもと子どもの"あいだ"で起こるものである。したがって、評価主体は、教師と子どもの両者といえる。

分析対象とした授業でも、このようなことを説明しやすい場面がある。この授業では、チーム内で2つに分かれ、自らのチームにあったルールを工夫してゲームを展開していった。ゲームの対戦はチーム内で決めるが、ほとんどジャンケンで決めるというように偶然生まれたチームで対戦することを楽しんでいた。また、得点ボードも出さなかったし、子ども達から得点ボードを求める声を聞くこともなかった。

教師はこのようなゲームにおいて、子どもがどのように運動の意味や価値を生成しているかを解釈し、例えば、次のように子どもに投げかけた。

> 「リズミカルなドリブルで攻め込むことを楽しんでいるの?」
> 「仲間とパスを繋げて攻め込むことを楽しんでいるんだね」
> 「パスを先読みしてカットしようとしているんだね」
> 「ワールドカップに出ているゴールキーパーのように、シュートを止めることを楽しんでいるんだね」

子どもが内面にもっている気持ちを教師が解釈し、それを表出することで、子どもは他者の目による自分に気づき、それを手がかりに行為を生成していったことが授業分析からもわかる。

そして、相互行為によって、運動に意味付与し、運動世界を生成するのである。ある子どもは第1時の学習で楽しさ発見として学習カードに「みんなが楽しそうに笑っていたので、競うよりも楽しくできた」と記述している。この競うという意味をあとで本人に尋ねたところ、「勝ち負けで優劣をつける」ということであった。この子にとってサッカーの学習は勝ち負けにこだわることではなく、仲間とともに創るゲームの攻防の楽しみだったのである。

また、ゲームの状況は見学者の子が「戦場のようだった」と評価するように1つのボールをめぐって激しい攻防が繰り広げられていた。子ども達は得点を入れたり、得点を入れられないように守ったりすることに夢中であった。多くの子どもたちが学習カードの世界（運動）発見にボールを追いかけることに夢中であったと書いているようにゲームに没頭していたのである。

さらに、1時間目以降、チーム内でゲームを中心に行った中で勝つこと以上にサッカーで競争しているプロセスを楽しむ生徒の姿が多く見られた。この攻

防はリーグ戦での競争よりも楽しむことができたと、学習カードの自分発見の欄に子ども達が書いているように仲間との関わりにおける攻防の楽しさが生まれたのである。

その上、このゲームを通して達成感があったと述べている子どもが多い。これについてインタビュー調査を行ったところ、勝ったという達成ではなく、ゲームを楽しんだことに対する満足感であることがわかった。

なお、ある子どもに授業後、今日のゲームは勝ったのか聞いたところ、わからないと答えていた。ゲームをしていた子ども達は得点のことも忘れて、ゲームに夢中になっていたのである。

そして、この後、チーム対チーム間のゲームが進んでいくと世界（運動）発見に「他のチームを意識してやる楽しさを感じた」というように、少しずつ他チームへの関心が運動の楽しさとして生まれてくる。

ところで、これらのゲームの様相を持つに至る過程において、教師が自分の活動を押し付けるのではなく、同時に子ども達の活動をまったく受け入れるのではなく、互いの気持ちを引き出しあい、活動を通しながら、自分たちの運動世界を生成していく評価があったからこそ、学習が生み出されたと授業分析から考えることができる。

ここでは主観と主観のぶつかり合いによってボールを使って攻防を楽しむ世界が生成されていったのである。つまり、評価主体は、学習の場にある成員個々人である教師や子どもであるが、大切なのはその成員間の"あいだ"ということである。これは、自己評価でもない、相互評価でもない、私とあなたの"あいだ"に生まれた「間身体的評価」ともいえるべきものである。

（4）評価の機能

次に、このように、学習が生み出されるにあたり、解釈的パラダイムに基づく学習では、どのように評価が機能したのかを問題にする。この問題に迫るために、ここでは、ゲームにおけるルール生成を手がかりにしていくことにする。それは、子ども達の"あいだ"で共有されたルールがどのように了解されるに至ったかということを理解することで、評価が学習の秩序生成にどのよう

に機能したかを明らかにしてくれるからである。

　この授業では、ゲームを行うための最初のルールについては、教師側が提示したものの、ゲームの行い方については自分達で適宜、変更してもよいこととした。つまり、子ども達の学習評価は、教師が提示した評価情報を手がかりにして、授業における関係性の中で、私たちのゲームを生み出すという活動の中で機能し、学習を生成しているといえる。このことは、単に教師が教材を提示するという、子ども任せの活動を指し示すわけではない。

　場合によってはゲームの中に教師が入った。時には、そのことでゲームの行い方が変容もした。今まで経験してきた授業では、活動内容を与えられて活動を進めてきた子ども達だったので最初は戸惑いを感じていた。しかし、教師が子ども達のゲームの中に入り、「今度はこんな風にやってみよう」などと活動を促すことにより、その様子を見た周りのグループも自分達が楽しむことのできる方法でゲームを行っていった。つまり、活動当初は主観的な行為も、その行為の交流により、集団内で共通了解されうる楽しみ方として広がったのである。

　そして、ゲーム進行前期ではコートやボール、チーム編成といったモノに着目した運動世界が広がった。パスやドリブルでゴールラインまでボールを運び、ゴールラインをドリブルで越えることができたら得点とするようなゲームでは最初にボールやコートへの着目がゲームに変容を与えていったのである。

　例えば、ドリブルでゴールラインを越えたか明確でないと感じるようになると、ゴールラインの2、3m前にラインを足で引き、ここからドリブルをして越えたものはゴールにしようというかたちで了承し合い、ゲームを進めていた。あるいは、ボールがコートからすぐ出たり、ボールとコート、人数のバランスからゲームが滞ってしまうと感じると、コートの形を変えたり、人数を変えたりした。このようにモノに着目し、評価し続け、行為を生成していくことでゲームが変容していったのである。

　そして、次に訪れるのは仲間との関わりへの着目である。自己と仲間との間に生まれるパスの連携や動き方への着目から自分達がゲームを楽しむのに相応しいコートやルールが生まれていた。

　例えば、縦パスをゲームで多用するグループ（あるいはパスをつないでボー

ルを運ぶことのできないグループ）にとっては横長のコートではプレイを生かすことができない。また、ドリブルについても同様で他者と関わりながら連続してドリブルを楽しむためには縦長の方が適している。

　一方で、ボールをキープしながら小刻みにプレイを展開し、広がりをもち、相手を交わすことを楽しむ場合には横長の方が適している。このように、子ども達は関わりの中で次第に私と仲間との関わりから自分達にあったゲームを生成していくのである。したがって、学習において評価は次への見通しの働きとして機能している。このような評価は、寺西（1998, pp.10-11）が指摘する評価のフィードフォワードの機能といえる。

　また、授業分析からフィードフォワードとして機能する評価が子どもの自己評価・自己理解における手がかりとして働き、運動に適応するための修正・改善という機能以上に、私の新たな運動世界の誕生という、現状の運動世界からの変化ということに寄与したこともわかる。この変化によって、運動における関わりの豊かさを生み、運動世界を自分自身で拓いていくような"私"を生み出すことができているのである。

　このように解釈的パラダイムに基づく学習では、子ども達が関わり合いによって運動の世界を生成しているのに対して規範的パラダイムに基づく学習における運動とは子ども達にとって「やらなければいけない」、「身につけなければいけない」ということによって枠付けられてしまっていることが多い。つまり、積極的に取り組まなければいけない「自分」がいて、協力して取り組まなければいけない「他者」がいて、使わなければいけなない「モノ」がある。したがって、実体化された授業として学習が進行していく。

　そこでは、競争という外発的動機づけに後押しされ、サッカーを楽しんでいくのである。したがって、勝敗の結果が最大の関心事となり、サッカーがむしろ競争の手段として位置づく場合もある。勝ち負けにこだわるあまり、サッカーで競争のプロセスそのものを楽しむ余裕がないのである。そこで、評価のフィードフォワードとしての機能を重視することによって、子どもが学習に見通しを持つ中で、運動の意味や価値の自分なりの探求が重視されるようになれば、内発的動機づけに支えられた学習が展開され、子ども達がサッカーそのも

のを楽しむことができると考えられる。

(5) 評価規準

　サッカーを規範的パラダイムに基づいて授業化すると「こうやらなければならない」といった原則規準が生まれてしまうことがある。また、予め求められる「ドリブル」や「シュート」、「パス」などのサッカーにおける文化的価値を定着するために有用であるかどうかという有用規準も生まれる。

　しかし、解釈的パラダイムに基づく授業では、ボールをめぐり、手を使わずに、攻防を楽しむ運動としてサッカーをとらえて教材化を図った。

　このような中で、子ども達は、サッカーが持つ、「攻撃を楽しんだり」、「守りを楽しんだり」、「パスを楽しんだり」、「ドリブルを楽しんだり」、「戦術を工夫することを楽しんだり」、「サッカーの偶然性を楽しんだり」というように多様な楽しみ方をしていた。

　子ども達の中では「身」（市川, 1993）によって運動世界が分節化され、サッカーという運動を自分なりに生み出していったのである。それは、子どもがサッカーに没頭し、運動に共感する中から後押しされたといってもよい。また、教師が子どもに共感することによっても子どもの学習を支援している。金子（2002, pp.38-104）が、『わざの伝承』において運動伝承世界において双方向の運動感覚交信における出会いの重要性を述べている。いいかえれば、他者の運動感覚に共感し、それが一体どんなものなのかを他者の身体を通し、我が身が感じ、解釈することによって、「わざ」が伝承されるということである。ここでいう解釈が評価としての機能を支えているといえ、伝承による学習の生成に評価が機能しているといえる。同時に、これは、共に感じる規準としての性格をもつために、何かに役立つという有用規準や原則に適合しているかというような原則規準とは、異なる関係性の中に存在する。そこで、この規準を共感規準と呼び、規範的パラダイムに基づく学習評価では捨象されてきたものであるが、解釈的パラダイムに基づく評価では、重要な評価規準として位置付けることにする。

（6） 評価対象

子ども達が学習カードに書いた内容の一部を紹介する。

表7-5　学習カードの記述内容

〈楽しさ発見〉
- 相手をすり抜けて一人でドリブルすること
- 一人でボールを蹴って風を切って走る感覚がサイコー
- パスが上手くいったとき
- マークが二人いてふりはらえたとき
- 守りきったとき
- ゲームの中で自分の味を上手く生かせたとき
- キーパー最高！！

〈自分発見〉
- 攻めるのに一方的で全く守れなかった
- ボールを追うのに精一杯な自分
- 相手がパスしやすい位置につこうとした
- 一杯動いて疲れたが、楽しい自分
- 攻めが得意？

〈世界（運動）発見〉
- サッカーボールを追いかけるのがとても楽しかった
- ゴールを入れさせない楽しさ
- 相手のことを考えるようになった

　1～4時間目まで見学をしていた子どもが5時間目に「前も見ていたので一人ひとりの個性がはっきりしてきた」と記述している。

　学習が進むに連れて自分達のプレースタイルへのこだわりがはっきりとあらわれてきたことの現れでもある。このように学習を展開させていく中で、子ども達はサッカーのいろいろな特性に触れながら、サッカーをする自分に気づき、個人のめあてを持つようになっていった。

　また、教師が課題を提示するわけでもないので、何をめあてにするかは子どもの身そのものがサッカー世界の中から探索するのである。そして、この探索行為の手がかりは自己理解であり、それが次の行為を生み出すのである。

（7） 評価のあらわれ

以上のように、評価を考えると、規範的パラダイムに基づく評価のように、数字や文字という記号によってのみ評価を表すということは難しい。むしろ、目には見えない授業の場にある成員間の"あいだ"をどのように解釈するかが評価として重要であることがわかる。つまり、記号化というよりは、コミュニケーションとして評価をとらえることの重要性が明らかになるのである。

これまでの検討から、解釈的パラダイムの立場に立つ体育授業における学習評価に関わるコンセプトについて明らかになったことを表7-6に整理する。

表7-6 規範的パラダイムと解釈的パラダイムにおける学習評価実践上のコンセプトの比較

		規範的パラダイム	解釈的パラダイム
学習評価実践上のコンセプト	学習内容	あらかじめ誰にとっても価値あるものとして用意されている	状況と文脈に応じて変わる関係的なモノ
	評価目標	教師がねらった目標を子どもに転移させる	集団内で客観化される
	評価の主体	教師中心の評価	間身体的評価
	評価の機能	フィードバック機能による修正・調整が中心	フィードフォワード機能による見通しが中心
	評価規準	有用規準、原則規準	有用規準、原則規準、共感規準
	評価対象	子どもの活動の結果（過去）の動き	子どもの活動している「いま―ここ」
	評価のあらわれ	記号（数字・文字）	コミュニケーション
学習の見方	評価観	価値判断	意味の解釈
	身体の捉え方	身心二元論的な見方	身心一元論的な見方
	体育におけるからだ	からだつくり	身体への気づき
	体育の目標	決められた成果の達成	自分なりの意味の探求
	運動の捉え方	動きとしての運動	世界としての運動

第4節　本章のまとめ

　本章では、解釈的パラダイムに立つ学習観に転換することに伴う、学習評価実践上のコンセプトの転換について明らかにしてきた。その結果、学習評価を状況と文脈の中で実践していく必要性が明らかになってきた。そのために、学習評価にかかわる諸々のコンセプトの見方も転換していかなければならないことも整理することができた。しかしながら、これまでの体育授業では、評価の方法論ばかりが先行し、その背景や諸々のコンセプトの転換までなされなかったのが現実である。したがって、本章で明らかになった事実をもとに、授業づくり、あるいは、それに応じた評価を行い、よりよい学習指導実践を展開していかなければならない。

引用・参考文献
市川浩（1993）〈身〉の構造．講談社学術文庫．
市村操一・阪田尚彦・賀川昌明・松田泰定編（2002）体育授業の心理学．大修館書店．pp.39-44．
伊丹敬之（1999）場のマネジメント―経営の新パラダイム．NTT出版．pp.114-125．
梶田叡一（2002）教育評価〔第2版補訂版〕．有斐閣．
金子明友（2002）わざの伝承．明和出版．pp.38-104．
箕浦康子編著（1999）フィールドワークの技法と実際．ミネルヴァ書房：京都．
竹之下休蔵ほか（1965）体育の学習指導．光文書院．
辰野千壽（2001）学習評価基本ハンドブック（改訂増補）．図書文化社．
寺西和子（1998）生涯学習社会と教育評価論．体育科教育第46巻第9号．大修館書店．
宇土正彦（1969）体育科の学習内容の構造化．体育科教育第17号第9巻．大修館書店．pp.11-13．
ウヴェ・フリック（2002）小田博志・山本則子・春日常・宮地尚子訳：質的研究入門．春秋社．

第8章

「学習評価としてのコミュニケーション」と「目標にとらわれない評価」

第1節　目標に準拠した評価の問題点

　指導要録の改訂により、「相対評価」は制度上姿を消し、「目標に準拠した評価」や「個人内評価」へと教育評価観が転換された。このような潮流の中で、田中（2003, p.12）は、「目標に準拠した評価」が抱えている問題として次の4点をあげている。

> ① 教師による「目標」が規準となることから、それからはみ出す子ども達の活動を見落とす危険性がある。
> ② 子ども達にとっては「外的な評価」であって、自分の行う活動の値打ちづけを常に他者からの評価に依存することが習い性になって、いわゆる「指示待ち」の状態になってしまう。
> ③ 子どもたちの学習の成果に着目するあまり、その成果や結果に至るプロセスが無視されてしまうことがある。
> ④ 客観性を重んじるために、量的な評価にとらわれて、質的な評価への目配りが弱くなる。

　田中（2003, pp.12-13）は、「目標に準拠した評価」には、これらの問題を解決しなければならない課題があるものの、子ども達の視点を認めるという「個人内評価」と結合して考えることとで有用な評価となると主張する。それは、評価結果を踏まえて教師が教育活動の反省と子ども達の学習への支援を行うために、学力の保障にとって有用と考えられるからである（田中, 2003, p.11）。ところで、「目標に準拠した評価」では、学力を到達目標のある定着すべき力と考えている。したがって、比較的「知」の枠組みの安定している到達

すべき普遍的な価値を学習内容としてもつ場合に、学習内容の定着として学力保障をとらえることができる。体育では、知識や技術の定着、技能の向上を中心として学習内容を考えた場合に、到達目標を設定し、「目標に準拠した評価」に「個人内評価」を結合させて実践することによって授業で有用な評価になると考えられる。

　一方、永島は、体育では、「プレイと学習を統合するために、学習の目標を、種目の『本質的な魅力』＝『プレイヤーからみた機能的特性』で押さえ、この目標は到達目標というよりは総括目標として理解すべきである」（永島, 1997, p.12）と述べる。総括目標とは、明確な到達目標を設定せず、学習を方向づけていくようなものである。つまり、運動と子どもの関係の中に内在している目標を大切にする必要があり、「知識は連続して変化する社会的文脈の中で形成されると考える」（寺西, 1999, p.96）。したがって、山本が述べるように、体育の授業は、「結果として期待される変容や成果を得るためには、実践の主体である1人ひとりの子どもにとって主体的・意欲的に参加し得るに値する実践でなければならないし、子どもの自発的で個性的な試行錯誤と創意工夫を最大限に尊重した多様な活動が展開され、その結果として新たな運動の意味や価値の認識の広がりや深まりが生まれる」（山本, 2000）ものでなければならない。このような授業では、子ども個々人の学習のプロセスを大切にした上で、生成する運動の意味や価値を重視していることから、「目標に準拠した評価」や「個人内評価」による価値判断としての評価というよりは、授業の中にあるコミュニケーションという社会的な営みにおける学習の意味を解釈すること（「学習評価としてのコミュニケーション」）によって学習の場を生成していくことに重点が置かれている。

　前者のような評価では、学習内容はあらかじめ用意されていると考えられ、後者のような評価では学習内容は生成されるものと考えられる。この2つの評価には、「学習者の能力や行動の現状や変化などの教育事象をとらえ、その学習者に対して何らかの目標（教育目標、指導目標、学習目標など）を基準に価値判断をすることによって有効な示唆を与えるための情報を得るもの」（高田, 2002）と考えるか、子どもや教師がともにある場におけるコミュニケーション

に内在している意味を互いに解釈し、それを相互に交換しあったりすることを通し、不断に行為を生成し、運動の意味を生成していく手がかりにするものと考えるかの違いがある。そこで、前者の評価は、あらかじめ到達目標を設定し、その目標に照らして価値判断を行い、目標達成を支援するので「目標に基づいた評価」ととらえ、後者の評価はあらかじめ目標を設定することなく、学習のプロセスにおける子ども達・教師と運動とのかかわり合いというコミュニケーションに内包している目標の解釈によって、「個人の内に生起する意味の連続性、文脈性に依拠したその子なりの納得や確信に基づく、学びの必然性や発展性をもった意識や意味の流れ」(寺西, 1999, p.97)としての「内的文化文脈」(寺西, 1999, p.97)の形成を支援するので「目標にとらわれない評価」と定義することとする。

　平野(1981, pp.29-30)は、カリキュラム評価として「目標に基づいた評価」について3つの問題点を指摘している。

　第1に、カリキュラム実施の効果がわかっても、それが直ちに修正を導く情報になるわけではないということである。第2に、目標を明確にする上で重要でありながら行動による記述になじまないものがあることである。第3に、カリキュラムの実際の効果についての貴重な証拠も、目標の達成にかかわるものに限定されてしまうという問題である。これらは、教育内容を評価するカリキュラム評価について論じられたものであるが、学習内容を問題にする学習評価でも同様の問題を抱えている。

　第1に、評価結果が到達度として与えられ、「できる」「できない」という二分法で評価されがちで、これまでの取り組みの修正にはつながっても、学習の質的な側面の修正には直接つながらないことがあげられる。第2に、「内的文化文脈」の形成を目的とした場合、学習者と運動との関係性の中でのみ、その意味は生成されるために、あらかじめ行動目標というかたちで設定することは困難である。それは、結果的に教師が意図したような目標を達成することもあるし、そうでない場合も、豊かな学びは生成されると考えられるからである。第3に、成果や結果ばかりにとらわれてプロセスを捨象してしまうということにもつながりかねないのである。

このように運動の内的文化文脈の形成を目的とした体育の授業では、「運動は関わりの中ではじめて意味付与された現象と捉えられる」（細江, 1999）。したがって、学習の内容や対象は実体的なものとはとらえることができないために、学習の方向性や内容、対象は学習者の行為以前では不透明なものとなる。そのために、かかわりによって生み出され、現象として現れる事実における状況と文脈を踏まえた子どものかかわり合いを解釈することによって意味付与された行為として学習をとらえることができる。つまり、実体的にとらえることのできない、このかかわり合いは、記述することが難しいとともに、設定不可能なものといえる。それゆえに、運動の内的文化文脈の形成を目的とした授業では、あらかじめ目標を設定し、評価を行う「目標に基づく評価」では、目標にとらわれ、子どもの行為が制限されるために、学習を閉塞させてしまう恐れがある。

　明確な目標設定は、明確な学習内容を前提として行われるために、子ども達が学習すべきことは普遍な価値と意味をもつものとして存在するという立場に立ち、技術や知識の定着を目指し、技能を向上させていくような「規範的パラダイム」（藤田, 1995, pp.104-105）に立つ必要がある。ところが、近年では、上述したように知識（＝学習内容）は連続して変化する社会的文脈の中で形成されるというような関係論的な学習観のように、「解釈的パラダイム」（藤田, 1995, pp.107-109）に立つ学習観が台頭するようになり、学習の意味や価値は状況によって変わるという立場が支持されるようになった。このような中では、状況と文脈に応じた目標設定が求められ、その生成プロセスである目標の設定までもが問題とされることになる。つまり、子どもと教師が織り成す授業という場と無関係にあらかじめ目標は設定できないのである。

　また、「目標に基づく評価」では、子どもの学習としてとらえられる事実も目標の達成状況という視点から評価されるために、それ以外の子どもにとって意味ある学習が見過ごされるという事態が起きる可能性がある。このように、学習観の転換に伴い、体育における「目標に基づく評価」にはさまざまな問題が生まれてきている。

　ところで、渋谷（2000）は、教育課程審議会第3回総会における意見発表に

おいて、評価活動として「集団に準拠した評価」、「目標に準拠した評価」、「目標にとらわれない評価」の3つを取り上げている。そして、評定がなじまない教科（生活科や総合）やトータルとしてとらえようというときには「目標にとらわれない評価」が必要となると述べている（渋谷、2000）。ここで述べる「目標にとらわれない評価」とは、1975年の国際会議でアトキン（1975）が主張した「羅生門的アプローチ」[1]という、複数の、しかも立場を異にする人びとが討論しながら評価するというような、いろいろな人によって見方が変わるということを下地にしたような評価である。つまり、目標を設定してその目標という1つの窓を通してだけ学習を評価するのではなく、多元的な目標というそれぞれの窓を通して学習を評価することによって学習を豊かにしていこうという考え方が根幹にある。したがって、学習を生成させるという点から体育授業をとらえた時に、統一的な絶対尺度を用いることができないので評定がなじまないし、学習しているかかわり合いそのものをトータルに評価する必要があるために「目標にとらわれない評価」の実践が求められているといえよう。

　今日、学習は定着させるべきものではなく、生成すべきものとして観方の変更が求められ、評価は「学習の結果の価値判断」から「意味解釈による学習の過程の支援」という役割への変更が求められている。上述したように、このような関係論的な学習観に立脚した体育の評価を考える上で、生成的な学習を支援する評価が求められている。

　そこで、本章では、関係論的な学習観に立つ評価として「目標にとらわれない評価」について検討を行い、「目標にとらわれない評価」の体育授業における実践可能性を探っていく。

　「目標にとらわれない評価」とは、もともとカリキュラム評価として提唱されている「goal-free evaluation」を日本に紹介した際に日本語訳されたものである。これは「あらかじめ目標を設定している」か、「あらかじめ目標を設定していない」か、という違いで「目標に基づく評価」と「目標にとらわれない評価」を区分したが、ここではより綿密に、学習評価として「目標にとらわれない評価」を定義することをまず試みる。そのために、「goal-free evaluation」を援用し、関係論的な学習観における評価という観点から「目標にとらわれな

い評価」について検討を行う。

　それらの検討を通して明らかになった事実をもとに授業展開がなされている学習形態を考察し、「目標にとらわれない評価」として評価が授業で機能しているかを明らかにする。また、学習に「目標にとらわれない評価」がどのように生かされているか、そして、それは授業における実践可能性を持つのかという点においても授業実践記録の考察から明らかにしていく。

第2節　「目標にとらわれない評価」の定義

　「目標にとらわれない評価」とは、一般的に「goal-free evaluation」の訳語と解釈されている。これは、「goal-based evaluation」の訳語である「目標に基づく評価」に対応するものとして取り上げられることが多い。ただし、「goal-free evaluation」を提唱したスクリヴァン（1991）は、この評価をカリキュラム評価として取り上げており、学習評価としては考えていない。また、日本では根津がカリキュラム評価としてのスクリヴァン（1973）の「goal-free evaluation」の研究に取り組んでいる。そこで、根津の見解を基にして、「goal-free evaluation」の考え方を整理し、体育授業に焦点づけながら考察を試みる。その中から、スクリヴァンの評価論を援用し、学習評価論として適用している評価論をもとに、整理を試みて学習評価として「目標にとらわれない評価」の定義を試みることにする。

　なお、これまで「目標にとらわれない評価」を、カリキュラム評価としての「目標にとらわれない評価」と学習評価としての「目標にとらわれない評価」として区別して論じてきた。しかし、今後、学習評価としての「目標にとらわれない評価」について定義を行った上で中心に論じていくので、本書では、以後、カリキュラム評価としての「目標にとらわれない評価」を「goal-free evaluation」と表記し、学習評価としての「目標にとらわれない評価」を「目標にとらわれない評価」と表記し、便宜上区別することとする。

　根津は、「goal-free evaluation」を、「評価基準をもたない評価法」ではな

く、「ニーズを評価基準として、計画者や実践者が前もって設定した目標にこだわらない評価法である」(根津、1999, p.137) と述べる。この評価では、「『目標に基づく評価』では把握が困難な、学校教育の〈ゆらぎ〉や『意図せざる結果』を解明できる」(根津、1999, p.135) ことが期待されているのである。そして、この「goal-free evaluation」では、「結果と意図の峻別を実現するために、実践者と評価者を分離して、『独立評価者』(independent evaluator) を設ける」(根津、1999, p.139) ことが必要となる。「goal-free evaluation」は、授業の計画と実施にはあらかじめ設定した目標が必要であることを前提として踏まえ、計画者や実施者があらかじめ設定した評価にはこだわらない評価と考えられるのである (根津、1998, pp.15-17)。したがって、「goal-free evaluation」において目標は状況と文脈に応じたニーズによる多元的な評価基準によって評価するための窓のようなものとなる。根津 (1998, p.16) が、「goal-free evaluation」を「goal-based evaluation」と比較したものを整理すると、次のような表にまとめることができる。

表8-1 評価観の転換

Goal-based evaluation	Goal-free evaluation
教師が生徒の達成度を評価する	生徒が教師の実践を評価することもありうる
評価者は実践者が兼ねる	評価者は実践者と明らかに別である
合理的に目標が達成される	目標は合理的に達成されるとは限らない
評価の手続きは数量で処理される	評価の手続きには人間の判断が重視される

また、根津 (1999, pp.134-135) は、この「goal-free evaluation」が日本には、「目標無しの評価」と誤解され、実行不能性が強調されていると問題点を指摘している。

確かに、この「goal-free evaluation」を援用し、日本に紹介した平野 (1981, pp.29-30) や加藤 (1995)、梶田 (1994)、海野 (1998) の主張からも、「目標無しの評価」と誤解しやすい解釈がみられる。例えば、平野 (2003, p.23) は、「あらかじめ評価目標を定めない評価」として評価を実施するに先立って評価目標を定めない「見取り評価」を「目標にとらわれない評価」であ

ると解釈している。また、加藤（2003）はテーマ性をもった初発の問いから出発して、子ども・学習集団がそれぞれ個性的な仮説や課題を設定して学びを展開していく、そして調査や実験あるいは討論を深めていく過程で仮説や課題が修正されたり新たに加えられたりしながら、より明確になっていくような子どもの学習が進行する過程で現れてくる目標を、その都度柔軟に取り込んで行われる評価のことを「goal-free evaluation」と呼んでいる。つまり、平野も加藤も、あらかじめ目標を設定しないことによって、目標達成・課題解決型の学習から目標探求・課題追求型で「目標にとらわれない評価」を生かしていくことを求めている。ここでは、目標はあらかじめ設定されるものではなく、目標は生成されるべきもの、あるいは常に変化可能なものと考えられるために、評価はあらかじめ目標を設定するものではなく、固定的なものではないという意味において学習の始まりでは「目標無しの評価」といえるのである。しかし、これらの評価では、目標がなくてよいという立場はとっておらず、目標そのものを生成していくというものであることも理解しなければならない。同時に、これらの学習評価にはスクリヴァンが提唱する独立評価者という概念は見られず、評価者と実践者が同一のものになるという前提が含まれている。したがって、スクリヴァンの提唱するカリキュラム評価の「goal-free evaluation」とは一線を画すものとなることが理解される。

　ところで、根津（1998, pp.18-20）は、「goal-based evaluation」のように数値で確保されることが一般的な量的な客観性と異なり、「goal-free evaluation」では、多元的な視点の認定と事実認定の重視による質的な客観性を確保していると述べる。そして、これは、独立評価者を置くことで三者関係（図8-1参照）を基盤とした関係による評価と「人間による解釈や判断の重視」、「形式への着目」、「結果志向」という3つの特徴をもつ事実認定に特徴づけられているのである（根津, 1998, pp.18-20）。

　このような視点は、平野や加藤が紹介している「目標にとらわれない評価」の中では言及されてはいない点であるが、根津（2000）の『教師集団の多元的な視点による生徒評価の事例研究』における「goal-free evaluation」における多元的な視点の導入により質的に客観性を保障しているということから明らかになった「goal-free evaluation」の実践可能性からも、大切にすべき視点

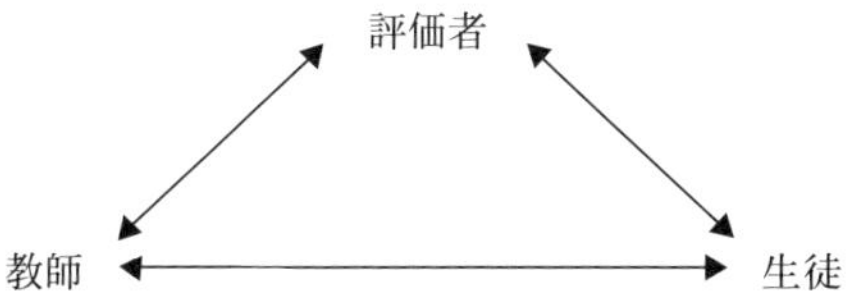

第8章 「学習評価としてのコミュニケーション」と「目標にとらわれない評価」 97

```
            評価者
           ↗    ↖
          ↙      ↘
       教師 ←——————→ 生徒
```
図8-1 独立評価者の位置づけ
(根津, 1998, p.18)

であると考える。そして、学習評価としてとらえる場合にも、独立評価者として、それが教師・学習者と独立した第三者を前提とするものでなかったとしても、浜田（1992, pp.78-88）のいう三項関係によってそれが説明できる。

三項関係とは、「人と人とがあるもの（あるいはこと＝テーマ）を共有するという関係」（浜田, 1992, p.79）である。例えば、「同じひとつのものに目を注いでいることが三項関係になるためには、お互いがそのものに目を注いでいることを確かめ合い、そこである気分を味わい、ある経験を行っていることを相互に確認している」（浜田, 1992, p.80）必要がある。授業では、教材や授業環境などのものを〈見ている〉し、〈見ているものを見ている〉という共有的な関係がある。したがって、常に一人称である私と二人称や三人称である他者を通して学んでいる自分を見ているというような、客体として自分をみる第三者的な自己がいる。このことによって、学習者である子どもは、授業という場におけるかかわり合っている自分をトータルに評価することができる。したがって、独立評価者という概念を導入せずとも、三項関係の中で、評価者と実践者を同一のものと考えたとしても、授業の中に私の目標とは無関係に他者から見た自分を評価するという事態が成立していれば、カリキュラム評価としての「goal-free evaluation」を援用し、「目標にとらわれない評価」を学習評価としてとらえることができるといえる。

以上、これまでの検討を通し、学習評価としての「目標にとらわれない評価」を以下のように定義し、以下、詳細に学習評価としての「目標にとらわれない評価」について検討していく。

目標にとらわれない評価
　授業や単元の目標をあらかじめ到達目標として設定することなく、教師と子どものあいだで多元的な視点からテーマ探求プロセスにおいて「思い」や「ねがい」を交流することによって、学習を生成させていくような機能を果たす評価である。

第3節 学習評価としての「目標にとらわれない評価」

　まず、多元的な視点の前提となる三者関係について三項関係を基盤にして説明をする。

　「目標にとらわれない評価」でいう三者関係とは、評価者、教師、学習者という三者が相互に関連しあっている関係である。一方、三項関係とは、「人と人があるものを共有するという関係」（浜田, 1992, p.79）といえる。したがって、三者関係では、三人のかかわりを前提にしているのに対して、三項関係は、三項的な〈共有〉関係を指し、「人と人」という二者間のかかわりを前提としている。

　また、三者関係では、評価者、教師、学習者が生み出している授業という社会的文脈の中におけるニーズによって目標を設定し、評価するという点において三者が「授業という場」を共有しているといえる。三項関係では、「互いが見ているものを見る」という共有関係が二者間になければならない。つまり、三者関係にしても三項関係にしても「分かちもつ何か」を共有することが前提となっている。このように「分かち持つ何か」を共有する関係を阿部（2000, p.17）は、「コミュニケーション」と定義している。また、浜田（1992, pp.69-75）は身体が人と人を隔てるものであると同時に、身体こそが人と人を通じ合わせるものであると述べている。つまり、他者関係という枠組みを身体が形成しながら、身体どうしの関係性の中にコミュニケーションを見いだすことができるといえよう。そこで、以後では、多元的な視点を授業で導入する上で身体の三項関係に着目しながらコミュニケーションについて考える。

　浜田（1992, pp.72-75）は、身体の通じ合い方として「同型性」と「相補性」の2つを取り上げている。同型性とは、「人どうしが同じ身体をもっていて、お互いの身体が相互の動きに応じて同じ型で感応しあうもの」（浜田, 1992, p.72）である。例えば、相撲を見ていて、応援している力士が寄り切られそうになったりするときに、自分自身の身体に同じように力がこもって無意識のうちに踏ん張っているような場合である（浜田, 1992, p.72）。また、相

第 8 章 「学習評価としてのコミュニケーション」と「目標にとらわれない評価」 99

補性とは、「二人の主体が相互に互いの身体を通して〈能動―受動〉の働きをやりとりすること」(浜田, 1992, p.74)である。例えば、「目が合う」(能動〈見る〉―受動〈見られている〉)というときに相手が主体として私の方に向かっている力を感じるような場合である(浜田, 1992. pp.73-74)。これらが「人と人」との二項だけで成り立っていれば二項関係となるが、「人と人とがあるものを共有するという関係」となることで三項関係となる。図 8-2 の①のように、A と B のあいだに壁があってお互いの身体との通じ合いがないかたちでは三項関係とはいえない。図 8-2 の②のように、A は〈B→もの〉の気分・経験(a)を、B の身体の向き・表情・仕草から受け取り、そこに自分を同型的に重ね合わせ、(a')、逆に B は〈A→もの〉の気分・経験(b)を、A の身体の向き・表情・仕草から受け取ってそこに自分を同型的に重ね合わせるようになっていなければならない(浜田, 1992, p.81)。

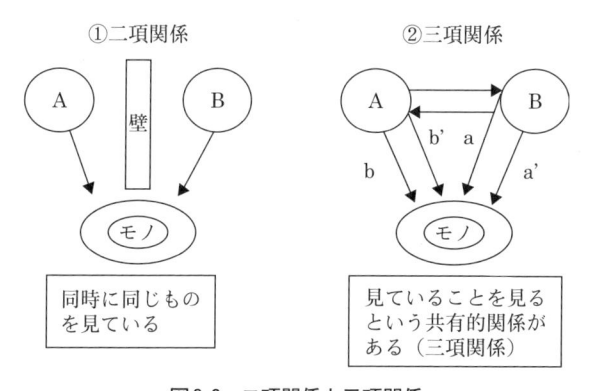

図 8-2 二項関係と三項関係

ところが、例え授業が「同型性―相補性」が緊密に関連した三項関係におけるコミュニケーションを基本に展開されていたとしても、「目標に基づく評価」を実践するためには三項関係から離れる必要がある。それは、あらかじめ設定された目標に照らして評価をするために、評価対象を客体としてとらえ〈見る〉という一方的に能動的な働きかけがなされるからである。一方で、「目標にとらわれない評価」は、あらかじめ目標が設定されていないので、学習者が教材

や環境などのものに対する他者のかかわりから同型的に受け止め、また、自分自身が直接、ものとかかわり、それを他者に開示し、さらに他者がどう受け止めたのかを捉えていく中で、社会的文脈に応じたニーズにあった目標を生成し、行為し、学習を展開していくことになる。浜田（1992, pp.84-85）はこのようにいろいろな人たちとのあいだで同型的・相補的にかかわりあうことを間身体的共有体験とし、この体験を経て自己は他者と共感、了解できる意味世界を獲得していくと述べている。体育では、これまで運動は動きとしてとらえられることが多かったが、「他者とモノと自分とのかかわりの中にある時間や空間の全体のようなもの」（松田, 2001）として近年、運動を「世界」としてとらえる考え方も広まってきた。このような考え方に立って体育授業を展開させた場合、運動の世界づくりが学習となる。

　そこで、体育授業では、個々人の運動世界とともに、授業という場に共にある学習者として秩序を生成しながら「私の運動世界」から「私たちの運動世界」へと場を拓いていく必要がある。このように、学習者が運動における意味を生成し、間身体的共有体験を拡大していくことによって、他者との了解や共感できる運動の世界を拡げていくことを統一性というならば、「共同体の社会システムにおける統一性は、間身体的連鎖の転態した形式である『第三者の審級』によって与えられている」（大澤, 1996, pp.248-249）といえる。「第三者の審級」とは、間身体的連鎖が、「ときに、連鎖内の個別の身体から独立したそれ固有の実体性を有するものとして立ち現れ、連鎖に内属する諸身体に等しく妥当する社会的な規範の選択性の帰属点として機能する超越論的な身体の座」（大澤, 1996, p.246）である。

　「goal-free evaluation」ではA、Bという学習者を、A、Bがもっている目標をあらかじめ知らされることなく、第三者である独立評価者がその場に流れる社会的文脈に即したニーズを評価基準として評価することになる。一方、「目標にとらわれない評価」では、A、Bがあるもの（＝テーマ）を追求しているプロセスで同型的・相補的にかかわりあう間身体的共有体験を通しながら、授業という場において評価するための帰属点となる「個別の身体とは別の身体」を生成し、「私」や「私たち」を評価する独立評価者同様に位置づく。この

身体の座が「第三者の審級」[2]である。したがって、「目標にとらわれない評価」においては「第三者の審級」が独立評価者と同様の機能をもつものと考えることができ、これらを整理すると図8-3になる。

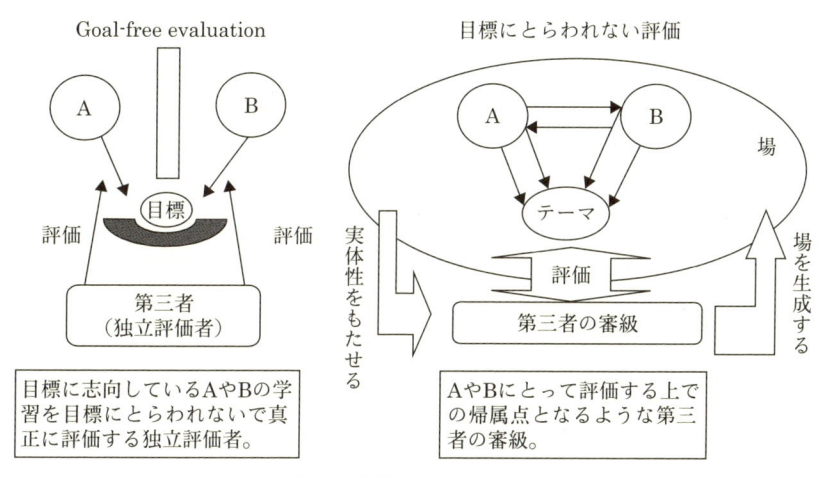

図8-3　評価における関係性

第4節　本章のまとめ

「目標にとらわれない評価」とは、個々が状況と文脈によって働きかけられて発生した目標を交流させる中で、場の中に秩序を生成し（第三者の審級の生成）、その秩序生成によって目標の共有化が図られていく（第三者の審級による統一化）と理解できる。そして、学習の出発点において「人と人」が共有しているものの一例としてテーマを取り上げることができる。ここでいうテーマとは、学習者が追求していく主題である（本書では、目標は達成すべき課題ととらえている）。それはテーマを学習者間で共有するものの、学習者の目標はそのテーマ探求過程にあり、その探求過程において同型的・相補的なかかわりによって、間身体的な共有体験がなされ、生成的な学習ができると考えられるからである。そこで、「目標にとらわれない評価」という視点から学習形態を考

えていくことが可能となる。

注

1) 従来の工学的接近の客観性の重視、「目標なくして評価なし」のアプローチに対し、羅生門的接近においては、主観性を重視する。人には特有の偏り、バイアスがあることを前提に、さまざまな視点・立場から互いに異なる側面を見てそれを主観的、常識的に記述し、その情報を共有することが、カリキュラム開発にとって有用であるとしている。またそれは、学習過程は非常に複雑で豊かなものであり無限の側面を持つものであるから、目標に照らして客観的に評価するだけでは学習過程をとらえきれない、という前提にも関係している。
2) 大澤（1996, p.249）は、超越的身体の主要な形態として「抑圧身体」、「集権身体」、「抽象身体」を取り上げている。本研究で取り上げている「第三者の審級」は、古代日本の共同体を規定していたと考えられる「まれびと」に代表される抑圧身体の座に近いといえよう。つまり、授業における規範は、学習者どうしのかかわり合いによって個々人の身体とは、別の固有の実体性を持つ間身体的連鎖がたち現れると考えられるのである。

引用・参考文献

J. M. アトキン（1975）カリキュラム開発における教授・学習過程と評価．文部省　大臣官房調査統計課：カリキュラム開発の課題（カリキュラム開発に関する国際セミナー報告書）』大蔵省印刷局．pp.154-161．

Michael Scriven（1991）Evaluation Thesaurus（Fourth Edition）．SAGE Publocation.pp.180-182．

Michael Scriven（1973）"Goal-free evaluation", in House, E.（ed.）School Evaluation: the politics & process, McCutchan, pp.319-328．

阿部潔（2000）日常のなかのコミュニケーション．北樹出版．

浜田寿美男（1992）「私」というもののなりたち．ミネルヴァ書房．

平野朝久（1981）「目標にとらわれない評価（goal-free evaluation）」についての一考察．教育法法学研究第 7 巻．

平野朝久（2003）目標にとらわれない評価．教職研究．教育開発研究所．

細江文利（1999）子どもの心を開くこれからの体育授業．大修館書店．p.181．

藤田英典（1995）学習の文化的・社会的文脈．佐伯胖・藤田英典・佐藤学編：学びへの誘い．東京大学出版会．

梶田叡一（1994）教育における評価の理論 II．金子書房．pp.224-270．

加藤幸次（1995）個別科教育入門（第 11 版）．教育開発研究所．

加藤幸次（2003）社会科学習と対比して，総合的学習を的確にする．社会科教室．No.33．日本文教出版．

松田恵示（2001）「動き」から「運動の世界」へ―体育の新しい考え方．松田恵示・山本俊彦編著：「かかわり」を大切にした小学校体育の365日．教育出版．p.4.

永島惇正（1997）論説 体育の転換と教師の指導性―教育観（体育観）が変われば教師の指導性も変わる―．学校体育第50巻第8号．

根津朋実（1999）ゴール・フリー評価によるカリキュラムの「意図せざる結果」の解明に関する理論的検討―学校教育の無意図的側面を解明するために―．学校教育研究No.14.

根津朋実（1998）「ゴール・フリー評価」（goal-free evaluation）の方法論的検討―カリキュラム評価の質的な客観性を確保する視点を中心に―．カリキュラム研究．

根津朋実（2000）教師集団の多元的な視点による生徒評価の事例研究―ゴール・フリー評価（goal-free evaluation）の実践可能性―．関東教育学会紀要第27号．pp.15-23.

大澤真幸（1996）overview 身体と間身体の社会学．岩波講座現代社会学第4巻 身体と間身体の社会学．岩波書店．

渋谷憲一（2000）教育課程審議会第3回総会議事録（2000/02/22）．http://www.mext.go.jp/b_menu/shingi/12/kyouiku/gijiroku/001/000201.htm（2003/05/23）．

高田俊也（2002）体育科の評価論．高橋健夫他編著．体育科教育学入門．大修館書店．p.119.

田中耕治（2003）これからの教育評価はどうあるべきか．体育科教育第51巻第6号．大修館書店．

寺西和子（1999）総合的学習と構成主義．授業研究21 第37巻第11号．明治図書．

海野勇三（1998）学力を評価する観点と方法．体育科教育第46巻第17号．大修館書店．

山本俊彦（2000）これからの体育の授業〜関わり合いをキーワードに〜．こどもと体育No.115 光文書院．p.22.

第9章
「目標にとらわれない評価」を生かした学習形態

第1節　テーマ学習

　問題解決的な学習（一般的に「めあて学習」と呼ばれている）が、体育では多く実践されている。これは、「学習者が現実の生活の中での問題意識に即して諸問題をとらえ、それに対して主体的・科学的に取り組み、解決の方法を探求させようとする教授法である」（長谷川, 2002）。埼玉県の学校体育必携の中にも、学習指導の工夫として「めあての中身を明確にし、個々の児童やチームの実態に即し具体的なめあてをもたせる」（学校体育必携, 2003）というようにあり、めあて学習は、盛んに行われている実践である。このめあて学習はあらかじめ目標を設定し、その達成目標に迫るための、個々の実態にあわせためあてを設定することとなる。したがって、評価はその達成状況の確認となり、これは「目標に基づく評価」の典型例といえる。

　一方で、テーマ探求を行いながら、運動の楽しさにふれ、かかわり合いを豊かにし、「運動していること」を味わい、運動の世界を生成していくというテーマ学習の実践が見られるようになってきた。このテーマ学習では、あらかじめ目標を設定せず、テーマを探求しながら互いの運動の意味を交流させて、目標を生成させ、活動を生み出していく学習形態である。

　テーマ学習は、1998（平成10）年に学習指導要領が改訂され、総合的な学習が導入されたことを契機に実践されるようになってきた。平野（2003, pp.21-24）は、総合的な学習では子どもの内にある世界全体をとらえるために、特定の目標を設定することなく、「見取りによる評価」の重要性を述べる。「見取り

による評価」とは、学習の成果を価値判断するような評価ではなく、学習している事実を状況に即して解釈していくような評価である。体育では前述したように「学習内容が社会的文脈の中で形成されるもの」という考え方も拡がりつつあり、前項で検討したように、「動きの定着」ではなく、「運動の世界の生成」を目指すような体育の学習観（関係論的学習観）の台頭によりテーマ学習の実践が拡がりつつある。

近年、テーマ学習の実践を行っている石川県小学校体育研究会（2001, pp.2-7）では、テーマ学習の授業実践への取り組みの中で、次のようにめあて学習とテーマ学習を比較している。

表9-1　めあて学習とテーマ学習の比較

	めあて学習	テーマ学習
集団として	課題を解決する	テーマを追求する
個人として	それぞれの力にあっためあてを大切にする	それぞれの思いや願いを大切にする
学びのイメージ	・めざすべきものがあり、それを達成 ・獲得しようとする階段を上っていく学習過程のイメージ ・goal-based	・自分たちのテーマに向けて創り出そうとする自由で広がりのある学習過程のイメージ ・goal-free
学習のねらい	今もっている力で運動を楽しむことや新しい工夫を加えて運動を楽しむなどの運動の課題を解決すること <u>問題解決</u>	思いや願いをかなえようと活動する中で、運動の持ついろいろな楽しさを味わうこと <u>自分探し</u>
評価	子ども（たち）の課題が解決したかどうかを重視してふりかえる。 <u>目標に基づく評価</u> <u>フィードバック</u>	子ども達が運動の世界をひらこうと工夫していたかどうかを重視して振り返り、もう一度表現したり、深めたりする。 <u>目標にとらわれない評価</u> <u>フィードフォワード</u>

※　下線があるものは、筆者が加筆
（石川県小学校体育研究会, 2001, p.4）

また、例えば、器械・器具遊びにおけるテーマ学習のイメージを上のようにとらえている。

めあて学習における「目標に基づく評価」とテーマ学習における「目標にとらわれない評価」の比較から評価そのもののあり方の違いが読み取れる。「目標に基づく評価」では子ども達の課題が解決したかどうかを重視して振り返るために、修正・調整というフィードバックの機能が強調される。一方、「目標にとらわれない評価」では、子ども達が運動の世界をひらこうと工夫していたかどうかを重視して振り返り、もう一度表現したり、深めたりするために、予測・観測というフィードフォワードの機能が強調される。

図9-1では、低学年の跳び箱遊び（基本の運動）におけるテーマ学習のイメージが示されている。集団としてのテーマを追求する上で、子ども達は自分たちの「思い」や「願い」を持ち、活動する。そして、テーマに迫るために、活動を組み替えながら、「思い」や「願い」に支えられて活動を拡げていく。この時、学習者である子ども達は、あらかじめ設定された目標から評価をするわ

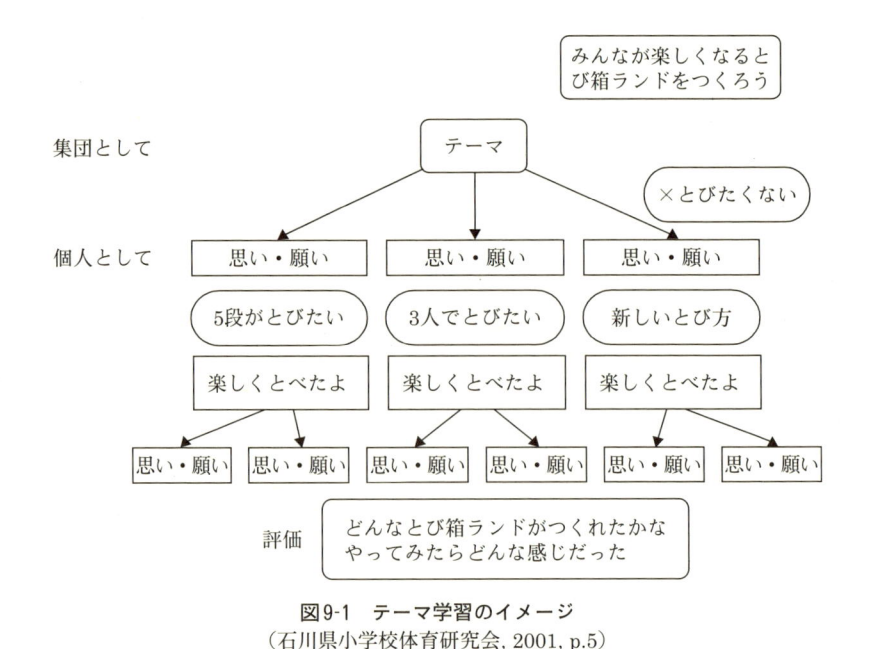

図9-1　テーマ学習のイメージ
（石川県小学校体育研究会, 2001, p.5）

けではなく、三項関係の中で評価をして自分自身を見つめていくことになるので、自由で拡がりのある学びを展開することができる。また、教師の評価も子ども達の運動の世界にふれ、共感的な言葉かけをしている。それによって、子ども達と教師が協働して、授業という場を生み出そうとしている。同様に、テーマ学習に取り組んだ佐々（2001）は、18時間という長い単元に子ども達が夢中に取り組み、運動のすばらしさを自分たちで見つけていった姿に、教師自身の自らが子ども達を夢中にさせるのが一番の役割かもしれないと、自己改革された出来事を語っている。これは、佐々自身が初めてテーマ学習に取り組み、そこで学ぶ子どもの姿にいままでマイナスだと考えていた、停滞・後戻り・回り道などの「ズレ」自体に意味を見いだし、運動にとけこむ子どもの姿にふれたからである（佐々, 2001）。

「運動にとけこむ」、「運動に夢中になる」という行為にはすでに「目標」があるといってよい。しかし、その目標はあらかじめ与えられたものではないし、何ら子ども達の活動を拘束するものでもないので、授業の状況と文脈によって私の目標は変化していく可能性を含んでいる。したがって、佐伯が主張するように「子どもは教材にふれること（テーマ追求すること）で『なってみたい私』になるための活動が触発され、それがまた、学校を越えた社会の文化の創造的活動に関係づいていくようになる」（佐伯, 1995, p.38）ものとして学習をとらえることができる。つまり、学習は、「自分探し」とも考えられるのである（佐伯, 199, pp.6-15；佐藤, 2001）。

以上のことから、テーマ学習という学習形態に、「目標にとらわれない評価」を生かすということができる。また、テーマ学習における子どもの学習が、今日的な学習観と適合していることも明らかになった。したがって、テーマ学習の検討から、「目標にとらわれない評価」の実践可能性を見いだすことができた。

第2節　ワークショップ形式の授業

　ワークショップとは、もともと工房という意味であった。そして、本書でいうワークショップとは、知識を学ぶことよりも、体・心・五感を使って、自分が感じていることを体や形に表現したり、協働で何かを生成したりする参加者主体の「体験の場」を指す。体育におけるワークショップ形式の授業では、運動の世界をかかわり合いの中で表現したり、学習の秩序形成をし、自己組織化をはかったりする体験の場となる。そこで、協働で体験をする上で、ワークショップに参加するものが、「分かち持つ何か」を共有し、コミュニケーションする中で場を生み出していくことになる。

　このワークショップは、テーマ学習の一形態とも考えることができ、テーマ探求のプロセスにおいて、成員が自分の考えを出し合い、解決策を探ったり、何かを決めたりすることである。一般的に、討論会のようなかたちで行われることが多いが、身体を直接動かして学びを深める体育の授業におけるワークショップでは、身体的なかかわりを通して「感じたこと」や「思い」や「願い」の交換を基本とすることになる。

　ここで議論するワークショップ形式の授業とは、授業に参加するものが、テーマ追求のプロセスにおいて三項関係の中で自らの「思い」や「願い」を交流させ、運動の楽しさにふれる中から、運動する「なりたい自分」を探し続けていくといった学習である。具体的には、小学校2年生ボールゲームにおける実践（古賀, 2002）を取り上げて論を展開することとする。

　この授業は、グループでボールゲームのお店屋さんを開き、情報交換する中からゲーム改造を進め、「マイ・ゲーム」をつくるというものである。つまり、自分たちが楽しんでいるゲームを開示して、それを共有する中から、共通了解できる世界を拓いていくのである。そして、自らが「納得」したゲームが「マイ・ゲーム」となり、かかわり合いから学習を生成するのである。このワークショップはクラス集団を合意させて、「クラス全員が了解するゲーム」の統一化を図っていくようなプロセスを学習ととらえているのではない。むしろ、自分

たちにとって異質なゲームへの出会いを通し、「マイ・ゲーム」の組み替えを常に図りながら、ゲームを生成させ、「いま―ここ」にいる自分たちにとってニーズにあった目標設定がされたゲーム展開がなされていくものである。したがって、統一化というよりは拡散していくイメージの方が相応しいかもしれない。

このようなワークショップ形式の授業における評価は、次のようにとらえることが可能となる。

まず、第1段階では、Aにとって第三者となるBは、Aの「思い」や「願い」の表出や学習の現象をとらえることから、テーマ探求過程において「目標」にとらわれることなく、Aの学習を評価する。そして、自分自身のテーマ探求における「目標」生成に、その評価をフィードフォワードしていく。第2段階として、Aは、自分自身のテーマ探求だけでなく、Bを評価することを通してBのテーマ探求を解釈することによって、多元的な視点から自分自身の目標に変化を加えていく。これは、二者間のみで行われることではなく、C、Dという多くの他者との間で起こり、意味連関が拡がっていく。そこで、第3段階として、この学習に参与する成員間において図9-2で説明したように「第三者の審級」が生まれ、三項関係を基盤とした「目標にとらわれない評価」が実践される。

この授業を参観した泉（2002）は、子ども達のかかわり合いがチームワークからクラスワークへ移ってきていると述べている。これまで一般的にチーム

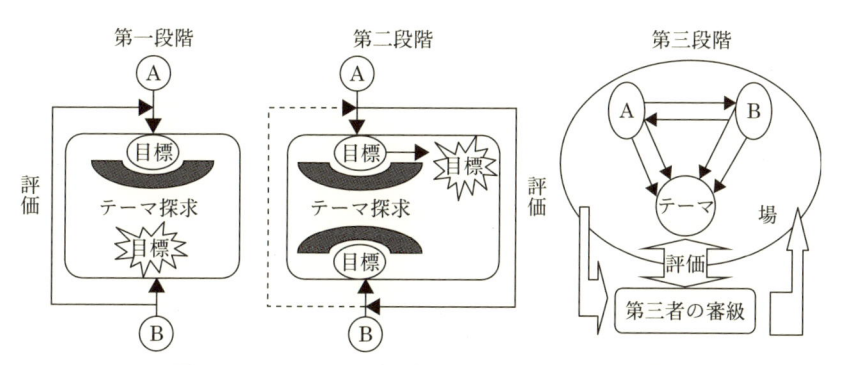

図9-2　ワークショップ形式の授業における評価の構造

ゲームでは、チームを固定して授業を展開することが多かった。これは、チーム内のかかわりが次第に方向性を生み、協力・連携といった意味では、深化することが予想されるからである。そして、そのような授業では、チーム間で閉鎖的な関係を持つようになってしまう。枠決めされたチームどうしがゲームを行うために、「どうやって勝つか」ということを目指してチーム内でのかかわり合いがなされるのである。このワークショップ形式の授業では、ゲームそのものを開示して、チームを開放させてかかわりを拡げている。それは、ワークショップ形式という授業には子ども達の思いや願いによって生まれた多くの目標が混在しており、それらが、ワークショップという形態によって交流され、多元的な視点から評価がなされ、フィードフォワードされ、運動の意味を生成していると考えられるからである。したがって、ここでクラス・ワークというように子どもの学習を参観者である泉（2002）がとらえたのも、この授業が開放性に溢れており、多元的な視点からの評価がなされていたからであろう。同時に、そのことによって授業のよい雰囲気を生み、秩序を生成していくことにつながった。そして、子ども達は、運動の楽しさにふれることができたことが実践報告（古賀, 2002）における運動に夢中に没頭して取り組んでいる子どもの姿からも読み取れる。

　以上、ワークショップ形式の授業実践から、多元的な視点の交流を図り、「目標にとらわれない評価」を実践することは、子どもの学習を豊かにすることが明らかとなった。

第3節　本章のまとめ

　テーマ学習にしてもワークショップ形式の授業にしても、授業という場にある教師や子どもがかかわることによって評価がなされていることがわかる。したがって、「目標にとらわれない評価」は、コミュニケーションに内在された評価であり、さらに、このコミュニケーションは前述したように「人と人」とが何事かを分かち持つ状態といえることから、評価情報をシェアリングさせる

ことによって学習を生成していくことにつながると考えられる。

　つまり、これまでの検討から、関係論的な学習観に立った場合に「目標にとらわれない評価」の実践は有効となることは明らかといえる。また、「あらかじめ固定化した目標を設定しないこと」と「多元的な視点から評価」することが必要であり、これらは、授業における子ども達や教師のシェアリングによって機能する。

引用・参考文献
学校体育必携（2003）指導の努力点．埼玉県教育局指導部体育課．p.6.
長谷川悦示（2002）体育科の学習過程論．高橋健夫・岡出美則・友添秀則・岩田靖編：体育科教育学入門．p.99.
平野朝久（2003）目標にとらわれない評価．教職研究．教育開発研究所．
石川県小学校体育研究会（2001）ひらこう体育学習の世界を．平成13年度研究紀要．
泉朋希（2002）「2年・ボールゲームの授業」座談会．こどもと体育．No.122．光文書院．p.13.
古賀泉（2002）これからの体育授業を求めて「2年・ボールゲームの授業」．こどもと体育．No.122．光文書院．pp.6-13.
佐伯胖（1995）文化的実践への参加としての学習．佐伯胖・藤田英典・佐藤学編：学びへの誘い．東京大学出版会．
佐々敬政（2001）テーマ学習に挑戦．松田恵示・山本俊彦編著：「かかわり」を大切にした小学校体育の365日．教育出版．pp.144-145.
佐藤学（2001）学力を問い直す―学びのカリキュラムへ．岩波書店．

第10章

「目標にとらわれない評価」の実践上の手がかり

第1節　「目標にとらわれない評価」のコミュニケーション

　阿部（2000, pp.33-34）は、コミュニケーションによって、「意味ある世界」が共有されると述べる。そして、これは共に「何事かを分かち持つ」コミュニケーションという「人と人」とのかかわり合いの結果生まれるものだという。したがって、「何事かを共に分かち持ち」ながら、その中で交換的であったり、賛同的であったりというシェアリングを繰り返しながら、コミュニケーションというかかわり合いを行い、その結果、「意味ある世界」が共有され、豊かな学習が生成されるととらえることができる。例えば、テーマ学習やワークショップ型の授業では、集団として提示されたテーマ（主題）をともに分かち持つ中で、自分の「思い」や「願い」をシェアリングする中で、学習が生成されていくと考えられるのである。「目標にとらわれない評価」は、このシェアリングする中で、学習を生成させていくという次の自分の行為を予測・観測させるフィードフォワードとして機能しているのである。
　ところで、シェアリングとは、カウンセリングでよく使われる言葉である。その意味は、「気づいたこと、感じたこと、考えたことを分かち合う」ことであり、これは、自己実現を支援するものとなる。その意味では、学習を生成していくものと考える本書の立場と大きく変わらない。しかし、カウンセリングにおけるシェアリングが1対1を基本にするのに対して、授業では、複数の人と人とのかかわり合いが基本となるために、「私の運動の意味世界」と同時に「私たちの運動の意味世界」の生成も求められる。このような生成的な授業で

は、前述してきたように、授業における場の秩序と勢いがかかわり合いから発生する必要がある。その秩序と勢いの発生にとって、「私」の考えを「私たち」の間で交流しあうシェアリングが大きな意味を持つと考えられる。

もちろん、「目標に基づく評価」でもシェアリングは実施される。しかし、その際のシェアリングではあらかじめ、枠付けられた秩序と勢いの方向性が与えられるために、学習者や教師間において目標に基づいてシェアリングのあるべき姿が先行してしまい、それとの違いで修正が図られることになる。つまり、シェアリングしているかかわり合いそのものも目標に基づいて評価される対象となる。

第2節　「目標に基づく評価」と「目標にとらわれない評価の相違」

これまでの検討から、「目標に基づく評価」と「目標にとらわれない評価」の特徴を次のように整理できる。

「目標に基づく評価」では、あらかじめ設定した目標から学習した結果を値踏みし、それを次の学習や指導に生かす。そして、できるだけあらかじめ設定した目標に学習結果を近づけようと試みるのである。ここでのシェアリングは、自己評価と他者評価によるズレの修正によって、より的確にあらかじめ設定した目標にアプローチするためのものであったり、学習結果から互いに刺激しあったり、向上・発展に向けての情報共有であったりする。したがって、ここにおける集団は、個々人のための協力集団として位置づく。つまり、個に応じるということは、一人ひとりにあった評価をすることであり、「目標に基づく評価」は「私のための、私だけの評価」として授業で実践されることとなる。

一方、「目標にとらわれない評価」では、体育授業という場にいる成員が、それぞれで目標を追求する中で、「思い」や「願い」を交流しあい、シェアリングすることを繰り返す中で、共感し、共通了解したりする中で、かかわり合いの総体として場に雰囲気を生み、秩序と勢いを発生する。そして、その場に共にある中でかかわり合いながら運動の意味世界を生み、学習を生成していくと考えることができる。

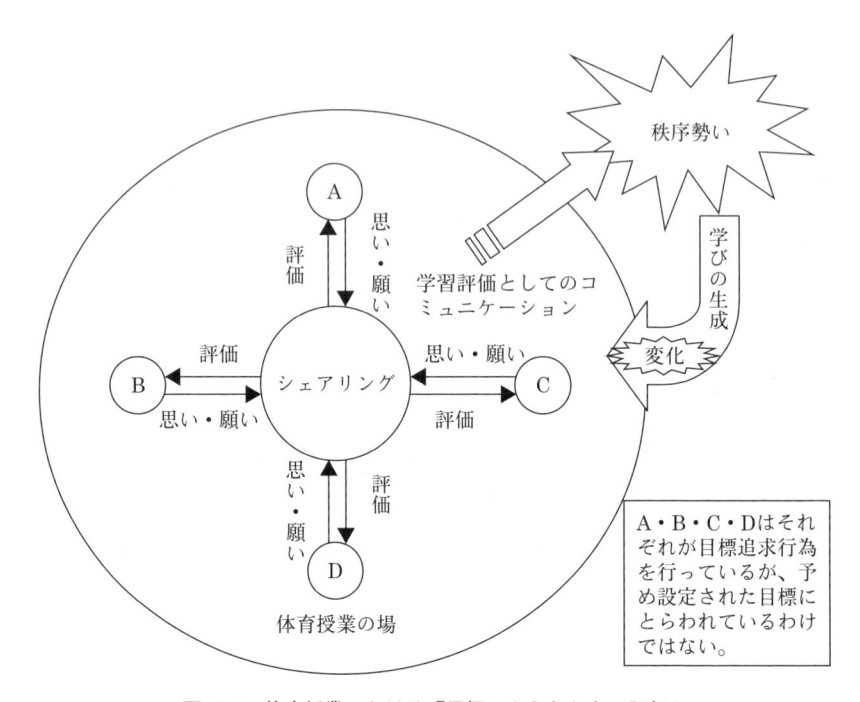

図10-1 体育授業における「目標にとらわれない評価」

　また、目標はあらかじめ設定されていないので、その場の状況と文脈によるニーズから設定され、活動が生まれてくる。つまり、「目標にとらわれない評価」では、個々人が行為する以上、目標は持つものの、その目標は状況と文脈によって、変化するものであることを前提とする。もちろん、場当たり的に目標が変化するのではなく、その目標を持った私が、他者とかかわり、シェアリングすることによって、その目標を生成していくのである。だから、評価は、目標生成にもつながるし、学習の生成にもつながる。それは、学習と指導、指導と評価などという二分法でとらえられるものではなく、不可分なものとして、授業に存在することになる。したがって、「目標に基づく評価」では評価プロセスを一般に「Plan（計画）→ Do（実行）→ See（評価）」ととらえてきたが、「目標にとらわれない評価」では、「Plan（計画）」と「See（評価）」は「Do（実行）」の渦中に位置づけられ、シェアリングによって、その変化の契機

が与えられているといってもよい。
　このようなDoの渦中では、「いま―ここ」のみがリアリティであり、私が感じるリアリティをシェアリングが支援することになる。その支援とは、私がDoするという行為そのものにPlanとSeeがすでに内包されているために、活動している「いま―ここ」の経験世界をまるごと評価し、フィードフォワードさせながら行為を連続させていくことである。この行為の連続の中で運動の意味世界を生成し、運動の楽しさにふれることは子ども達にとって重要な体験である。したがって、「目標にとらわれない評価」は、学習指導要領にも明記されているように「心と体を一体としてとらえ…（中略）…楽しく明るい生活を営む態度を育てる」という目標に迫る学習を支える評価である。それは、「目標にとらわれない評価」によって授業という場におけるかかわり合いの中でトータルな評価がなされ、運動にかかわる「自分探し」として学習をとらえ、運動の意味世界の拡がりにつながると考えられるからである。

第3節　本章のまとめ

　以上、「目標にとらわれない評価」の実践可能性を探る中で、「目標にとらわれない評価」を実践する上での手がかりを見いだすことができた。それは、次の2点である。
　① 到達目標を設定して授業を行うのではなく、主題探求をしていくテーマ学習のような　学習形態が望まれる。
　② 授業の実践を行う上でシェアリングを重視する。
　そして、これらを手がかりとして実践される「目標にとらわれない評価」は、これまでの検討から、生成的な学習を支援する評価として機能する可能性を見いだすことができた。それは、次の3つのことから明らかになった。
　第1に、近年、関係論的な学習観に基づく実践として行われるようになってきたテーマ学習から「目標にとらわれない評価」という概念を抽出できたからである。第2に、多元的視点を導入して、授業を展開させているワークショッ

プ形式の授業の検討により、多元的な視点から評価情報を交流し、シェアリングすることによって学習が生み出されていることが考察されたからである。第3に、あらかじめ目標を設定せずに、多元的な視点をかかわり合いの中でシェアリングし、コミュニケーションすることによって学習を豊かにすることができる可能性を見いだすことができたからである。

引用・参考文献
阿部潔（2000）日常のなかのコミュニケーション．北樹出版．

第11章

「学習評価としてのコミュニケーション」を生かしたワークショップ形式の体育授業

第1節　生成的な学習を支援する評価

　本書ではこれまで、学習の生成にとって運動の意味を解釈していくことの必要性が明らかになり、その行為が内在されているコミュニケーションを「学習評価としてのコミュニケーション」とし、重要性を明らかにしてきた。すなわち、コミュニケーションという社会システムが刻々と変化していく様相そのものを学習ととらえ、コミュニケーションそのものが新たな学習を生み出す手がかりとなる評価が授業で大切にされなければならないということである。このような評価を具体化したものとして、前章では、予め目標を設定することなしに、多元的な視点の交流によって評価を行う「目標にとらわれない評価」の実践可能性と実践上の手がかりを明らかにした。本章では、「体力を高める運動」を具体的な事例として取り上げ、授業づくりの中で学習評価について考えていく。

　「体力を高める運動」では、直接、体力を高めることがねらいとなることが多く、小学校学習指導要領解説体育編（文部省, 1999, pp.69-70）にも、「簡単な柔軟運動」、「ボール、輪、棒などを使う運動」、「固定施設による移動運動」、「持久走」などが例示されており、単調な動きのものが多く実施される傾向にあった。そのため、実施回数やタイムなどといった記録を指標とすることによって、運動に興味を持って行わせるように取り組む実践が多かった。同時に、行い方が提示され、その記録の向上に学習の目標がおかれるために、「体力の高め方」は、与えられ、それで高まるように努力することが強いられるこ

とが多い。つまり、「体力の高め方に関する理解がある程度できるようになっていることを考慮して」（文部省，1999, p.66）というものの、実際には思考する場面はほとんどなく、むしろ、淡々と身体を動かすことに終始しているのが現状である。また、佐々木（1984, p.73）は、数字というものがあると人間は安心してしまい、それだけに目が奪われて他の要素が見えなくなると指摘する。そして、数字を追うのではなく、その練習によりどういう効果があったのか、その結果自分がどういう体調になったかを知ることが必要だと主張する（佐々木，1984, p.73）。まして、体力の向上は、一朝一夕に期待できるものではない。週2～3回の体育の中で、「体力を高める運動」の時間は、どれだけ確保できたとしても5，6時間に過ぎないのではないだろうか。この5時間か6時間で果たしてどれだけ効果があろうか。つまり、到達目標を数値で明確に設定したりすることは、そのことにばかり目が向けられ、大事な「体力の高め方」を学ぶことを置き去りにしてしまうことになっているのではなかろうか。したがって、上述した自分の意味を探求するためには、仲間とかかわりながら、自己への気づきが大切となってくるといえよう。それは、多元的な視点から評価情報を交流しあうことの必要性を示唆しているともいえよう。このような実践にとって「目標にとらわれない評価」が有効に機能し、生成的な学習を支援するであろうことは前章で述べてきた。このようなことからも、「体力を高める運動」において「目標にとらわれない評価」の実践は効果的であると考えられる。

　ところで、前章で、「目標にとらわれない評価」を実践する上で、課題を解決することをねらいとする「めあて学習」ではなく、総合的な学習に多く見られるテーマ追求型の「テーマ学習」と、協働で何かを生成していくといった学習者主体の「ワークショップ形式」の授業が必要であると述べた。それは、体育の学習を「獲得」という概念から「生成」という概念へと転換させているからともいえよう。また、「体力を高める運動」では、「柔軟性」、「巧緻性」、「筋力」や「持久力」といった既定された体力を直接向上させることをねらいとするのではなく、それらの「体力を高める力」ともいえる「運動の意味」（意欲、自己への気づき）といった身体の内側のエネルギーの発生にこそ目が向けられるべ

きと考えているからでもある。

したがって、「目標にとらわれない評価」を前提とした、ワークショップ形式の授業の必要性を示唆しているといえる。

第2節　ワークショップ形式の授業の可能性

（1）ワークショップ形式の授業導入の可能性

中野（2001, p.11）は、「『講義など一方的な知識伝達のスタイルではなく、参加者が自ら参加・体験して共同で何かを学びあったり創り出したりする学びと創造のスタイル』を『ワークショップ』」と定義している。また、中野（2001, pp.151-159）は、ワークショップの現代的意義として、「関係の豊かさ」、「自分らしく生きる」、「知恵も力も『関係』の中に生じる」、「市民意識の醸成」の4つをあげている。つまり、学習を単に所有の豊かさから関係の豊かさへと転換させて考えているといえよう。「体力を高める運動」で言えば、「体力」指標と示される数値を直接向上させたり、多くのトレーニング方法や効果的な方法を効率的に獲得したりすることが目指されるのではなく、授業における文化的実践の中で、体力を高めたい自分が自覚的になり、関係の中で体力の高め方を思考し、関係の中で意味が生成された「体力の高め方」が身についていくと考えられよう。これは、現代学校体育における「体力を高める運動」に求められているものといえよう。

ところで、ワークショップ形式の体育授業実践例として、古賀（2002）による小学校2年生ボールゲームがある。この授業は、グループで、ボールゲームのお店屋さんを開き、情報交換する中からゲーム改造を進め、自分達の楽しめるゲームを創っていくというものである。また、ボールゲームにおいて対戦する相手を、楽しみを共有する同一のグループととらえ、グループ内でゲームを展開していくといった実践も展開されている。このような実践は、筆者も小学校3年生バスケットボール型ゲームにおいて、かかわりながらゲームを生成し、ルールが既定された運動種目に子ども達を適応させるのではなく、自分達

から運動文化としてのゲームを生成させていった事実をかつて報告した。つまり、ワークショップ形式の授業では、テーマに関わる学習者が身体全体で運動にかかわる中で、何かを創造したり、発見したりしていく営みにつながっているといえよう。このボールゲームでは、成員間のかかわりやそれに基づいたルールや場の組み換えを中心としてワークショップが展開された。これは、何かを創造したり、発見したりしていく営みにつながっているといえることから、「体力を高める運動」でも実践可能性が高いといえる。

（2） 授業実践例の検討から

2003（平成15）年11月に、A小学校6年生33名に対して、前述の考え方にしたがい、ワークショップ形式を導入し、「体力を高める運動」の授業を実践した。この授業では、はじめに、「柔軟性」、「巧緻性」、「筋力」、「持久力」の4つの体力とは、どんな力かをおさえた上で、教師側で考えたそれぞれの体力を高める為のプログラムを提示し、体験させた。次に、そのプログラムを体験する中で、自分の体力への気づきを促し、それを元に、高めたい体力別のグループを作った。そして、それぞれのグループ毎に、その力を高める為の運動を創造・発見することができるようにさせた。その後、前半と後半で、活動を紹介するグループと他のグループの活動を経験するグループに分け、活動させる中で、情報の交流をはかるようにした。また、活動を創造したり、経験したりする際に、「魅力的」かつ「効果的」な活動という視点をもたせることによって思考力を働かせるようにした。さらに、自分達のグループ活動を宣伝するチラシを学習カードがわりに作成させ、それを他グループに配布するようにした。これらの活動を通し、活動の交流を促し、身体全体で体験する場として協働し、授業を展開するようにした。

その結果、「活動への戸惑い」→「意欲的な活動」→「活動へのこだわり」のプロセスで子どもの行為が生成されていった。この授業の全体の流れは、「共通経験による手がかりの獲得」から「自由な発想に基づく、活動の交流」、「体力の高め方の伝達」という流れで構成されている。この授業を通し、最初のうちは単に活動するだけだった子ども達が、徐々に、運動の魅力を負荷の増大に

求め、同時にそれらを効率性と結びつけて仲間に伝達するようになっていった。しかしながら、本実践は、年間90時間の授業時数の約1割にもあたる、8時間の中単元で構成し、「自由な発想に基づく活動の交流」に多くの時間が割かれている。これは、カリキュラム作成上の負担にもなると考えられる。そこで、短い単元での実践にもつながる方策が必要となる。また、「体力の高め方の伝達」という場面では、それが主目的になってしまい、自らの「思い」や「願い」が希薄になってしまう場面も見られた。さらに、活動の選択が仲間関係によって左右されることがあったので、交流場面での工夫によって、自己への気づきを深めていく必要があると思われる。

第3節　授業実践の提案

（1）授業の構想

　上記の授業実践から、ワークショップ形式の授業を表11-1のように3つのステージから考えることとする。第1ステージは、「情報の共有」、第2ステージは、「イメージを拡げる、アイディアを出し合う」、第3ステージは、「願いを膨らませる」である。また、短い単元での実践につなげるために、「自由な発想に基づいて活動の交流」をする場面では活動経験を通してのクラス全体でのシェアリング場面を設けることとした。さらに、「伝達」場面では、活動による共感を大切にすることとした。すなわち、運動行為場面を重視し、ともに活動する中から「体力の高め方」の創造・発見を促すように、第2ステージのグループ・ワークを充実させて十分な時間をとって行わせることとした。

　それぞれのステージの具体的構成は子どもの実態によって変化させる必要がある。例えば、第1ステージの「情報の共有」では、テーマのみを共有させるのか、具体的な活動を通してテーマを共有するのかといったことである。また、第2ステージでは、教師主導型で進めるのか、子ども自発型で進めるのかということである。さらに、第3ステージでは、振り返りを行うか、クラスの仲間に思いを伝えるのか、それとも他クラス・他学年の仲間に思いを伝えるこ

表11-1 授業のながれ

1		X
第1ステージ ・学習の流れをつかむ ・活動の経験を共有	第2ステージ　①グループ・ワーク 　自分たちのグループで、テーマにあった活動を追及し、提案する。	第3ステージ 単元のまとめをする
	第2ステージ　②クラス・ワーク 　活動を経験し、共有する。その上で、提案した内容を振り返る。	

とによって願いを膨らませるのかということである。この内容は、授業実践者が創造していく必要がある。

(2) 授業の具体的実践案

以上をもとに2005(平成17)年1月～2月にB小学校6年生でS教諭が「体力を高める運動」に関する授業を計画した。S教諭がとらえた子どもの実態は以下の通りである。

　本学級の児童は5年生の時に「体力を高める運動」を学習している。単独単元として扱ったものは、「持続する動き」を高める運動であり、主として6分間走を通して、長く走り続ける力を高めるためのものであった。一方、「巧みな動き」や「体の柔らかさ」、「力強い動き」を高める運動は、準備運動や主運動の補助として扱った。これらの授業は、どれも「体力を高める運動」として提示した運動を行った結果、どれくらい記録が伸びたかを測定することによって体力の高まりを実感させようとするものであった。つまり、教師が提示した活動を実施させることによって、体力を高めさせ、体力の向上を直接、単元の中で目指すものであったといってよい。
　6年生となり、年度当初に行なった新体力テストの結果から自分の体力の高まりに興味を持ち始めた児童がみられる。しかし、平均との比較や仲間との数値の比較に一喜一憂する様子も見られ、自分の体力という気づき以上に、他者との比較による自分の体力ということに目が向きがちであるように感じる。
　「体力を高める運動」に関しての実態調査を行った。その結果、「体力を高める運動」に対して、これまで反復練習やトレーニングに終始していた授業に対し、「つまらない」とか「疲れる」とか「嫌い」と回答する児童が多い。また、児童の意識

> も他の運動種目に比べ、受動的な側面が強く、「体力を高める」というよりは「体力を高めさせられる」という意識が強い。つまり、訓練によって直接的に「体力を高める」授業展開になりがちであり、それによって子どもたちが「体力を高める運動」を避ける傾向にあるといえよう。しかも、他の運動種目での学習が休み時間や放課後の運動遊びにつながる場合が少なからずあるにもかかわらず、「体力を高める運動」は、ほとんどそのような契機をもっていないことも子どもたちの実態から明らかである。

　上述の子どもの実態に基づいて計画された授業の内容構成及び展開構成は以下の通りである。

1）内容構成
①　単元のテーマ
　ワークショップ形式の授業展開では、課題解決型の「めあて学習」ではなく、主題探求型の「テーマ学習」が求められる。また、本学級の子ども達は、「体力を高める運動」に対し、拒否傾向が強く、受動的態度を示していることから、自分達が主体的に「体力の高め方」を創造・発見していくために、「魅力的なスポーツ・ジムを作ろう」といテーマを設定した。

②　体力を高める運動の特性
　本単元では、「体力を高める運動」を生成的な学習として捉えている。このような立場から一般的特性と子どもから見た特性を明らかにすると以下のようになる。

ア）一般的特性
　「体力を高める運動」は、魅力的な運動生活にするために、自分にあった運動負荷のかけ方を知り、体力の高め方を体得していく運動である。また、そのために、「仲間」や「モノ」との関係をひらき、関係にひらかれるからだを育む運動である。さらに、そのようなかかわりの中で、運動に溶け込み、自ら運動したいという欲求を持ち、体力を高めていこうという欲求を育む運動である。

イ）子どもから見た「体力を高める運動」の魅力
　実践対象のクラスの子ども達は、自分の体力の高まりの実感によって「体力を高める運動」に興味関心を持っている。すなわち、「体力を高める運動」は、

子ども達にとって体力の高まりを実感できると楽しくなる運動である。そして、子ども達は、体力の高まりの実感により、自分にあった運動の負荷のかけ方に気づき、手軽にいつでも、気軽に日常生活でも運動することができることにつなげることができる。また、動きを制限されたり、決まった動きを反復したりすることを嫌うことから、自分のからだを思い通りに動かすことができると楽しい運動であり、このような経験を通して仲間と運動する感じを共有しながら、自分のからだへの気づきがあると楽しい運動である。さらに、自分のからだへの気づきをすることで、休み時間などの活動に学習経験が再構成されることから「なりたい自分」を発見することのできる運動である。一方、教師によって一方的にやらされる受動的な学習になるとつまらなくなる運動である。また、恐怖感、痛み、苦手意識があると楽しむことのできない運動である。さらに、記録の向上ばかり意識して、記録が伸びなくなるとつまらなくなる運動である。

③ 単元における教師のねがい

教師は、「魅力的なスポーツ・ジムを作ろう」というテーマ学習を行うにあたり、子ども達に次のような願いをもった。

「手軽」（自分の今持っている力で、いつでも、どこでも、何度でも、誰とでも、簡単）に、「興味」（動きたい、高めたい、かかわりたい）を持って、生活の中で運動する実践力を身につけ、自分にあった適切な運動負荷のかけ方を身につけることによって運動を楽しむことのできる力を身につけさせたい。

体力を高めることは、苦しく頑張るといった苦行の産物ではない。運動する上で、負荷をかけることは心地よさの追及でもある。それは、チクセントミハイ（2003）のいう「フロー経験」ともいう夢中・没頭体験のような楽しさの流れを示しているといえよう。したがって、「体力の高め方」を学ぶということは、運動の楽しさを享受することに他ならないといえる。それは、ワークショップ形式の授業導入にあたり、「体力の高め方」の創造・発見を学習の中核においたことからも明らかである。

2) 展開構成
① 教師の指導観

「体力を高めるための運動」の特性（楽しさ）を触れさせるために、「体力を高める運動」を、「手軽」に、「興味」を持って、「生活の中で実践」することのできる運動の契機としていきたいと考える。そのために、本実践では、「参加」（主体的にかかわる授業の仕組み）、「体験」（運動することを実感している現実）、「グループ」（集団的実践）をキーワードとして「ワークショップ形式」の学習を展開し、体力の高め方を学ぶと同時に、その運動負荷のかけ方を運動の楽しさと重ね合わせながら、運動を生活に取り込んでいけるような力の育成をねらいとする。参加する場は、社会的にも大きなコミュニティの場と認知されている「スポーツ・ジム」とし、かかわり合いながら、体力の高め方を学ぶ場であることを連想させるようにした。体験する場としては、教師が体験させるのではなく、子ども達が体験する活動に転換させるために、教師は「学ぶことを促す存在」（以下、ファシリテーター）として、教師としての専門性から科学的合理的な体力を高める運動の引き出しも持ち合わせつつ、子ども達の体験の中から、創造・発見を促すようにした。このことによって、単に科学的合理的な運動の行い方の伝達に留まらず、運動の意味を生成し、意味を中核とした学習が展開されると考えられる。また、集団的実践であるグループのあり方を本授業では、3種類用意した。第10章では、「目標にとらわれない評価」の実践によって、体育授業という場にいる成員が、それぞれで目標を追求する中で、「思い」や「願い」を交流しあい、シェアリングすることを繰り返す中で、共感し、共通了解したりする中で、かかわり合いの総体として場に雰囲気を生み、秩序と勢いを発生することを明らかにした。つまり、運動の意味の相互作用を図る上で、第1ステージから第3ステージに進むに連れて、最初は個々人のレベルでの交流であったものが、次第に一定の方向性をもつエネルギーとなっていくといえよう。そこで、クラス内を小グループにわけ、そのグループ内で活動を共有しあうワークショップを「グループ・ワーク」とする。また、それらのクラス内の小グループ同士が活動を共有しあうワークショップをクラスが単位となっていることから「クラス・ワーク」とする。さらに、異学年・異クラ

スと活動を共有しあうワークショップを「スクール・ワーク」とする。これらを実態にあわせて学習のステージに位置づけ、展開していく。

具体的には以下の手立てを講じていった。

ア）「魅力的なスポーツ・ジムを作ろう」というテーマを追求していくテーマ学習を実践する。

イ）異質グループで「体力を高める運動」につながる「スポーツ・ジム」としての場を作成し、それを他グループに発表することで評価をし、さらによりよい「スポーツ・ジム」づくりを行う。

ウ）ワークショップは、グループで活動を共有しあう「グループ・ワーク」、グループ間で活動を共有しあう「クラス・ワーク」をスパイラルに展開し、まとめで、他クラスと交流をする「スクール・ワーク」へと拡げ、オープン・エンドな学習へとつなげる。

エ）体育授業におけるコミュニケーションを重視し、「目標にとらわれない評価」を実践する。

オ）教師は、ファシリテーターとして授業における児童の気づきや学習の道筋を引き出すようにする。そのために以下の具体的な手立てを講じる。

・集合隊形を整列から円形集合へと転換する。

・子どもへのかかわりは、「指導・示唆」が中心ではなく、賛同的であったり、交換的であったりという「共感」を中心にする。

・教師も共に経験しあう共有者となる。

・子ども達が自由に意見しやすい場を生み出す。

② 元の学習過程

ワークショップ形式の授業は表 11-2 のように 3 つのステージから展開されることを述べた。このことと指導観を踏まえて作成されたのが以下の学習過程である。

以上、ワークショップ形式を導入した授業の基本的な考え方に基づいて計画された具体的な実践計画例について述べた。ワークショップ形式を導入した授業を展開する上で、基本的に留意しなければいけない点は、次の 5 点である。

表 11-2　学習過程

	1	2	3	4	5
0	テーマ　魅力的なスポーツ・ジムを作ろう				
10	○学習の進め方を知る。	・活動を試行錯誤し、自分たちの「思い」や「願い」に基づく「気軽」で「やさしい」、「楽しい」場を工夫する。 ・各自が動きながら、方法やルールについて、互いに見合い意見を出し合う。			ワークショップ3（スクール・ワーク） スポーツ・ジムに他のクラスの仲間を招待しよう。
20	情報の共有 ○○スポーツへようこそ！！	ワークショップ1（グループ・ワーク） 　自分たちの「思い」や「願い」のこもったスポーツ・ジムをつくろう。			
30	・教師の考えた場で活動を共有する。 ・活動を通して体力を高める運動についての理解を深める。	ワークショップ2（クラス・ワーク） 　スポーツ・ジムを開店して自分たちの「思い」や「願い」を仲間に伝えよう。			
40		・グループ内で前後半に分かれ、インストラクターと挑戦者に別れて進んで運動する。			
		シェアリング			

1) プロセスそのものを学習ととらえるので、内容と方法は一体となる。
2) テーマ学習を導入し、「目標にとらわれない評価」を実践する。
3) 授業の流れを、3つのステージから考える（①「情報の共有」②「イメージを拡げる、アイディアを出し合う」③「願いを膨らませる」）
4) ワークショップのグループ形態は、ステージ段階及び子どもの実態に応じて変化させる。
5) 教師自身のワークショップへの参加が科学的合理性を保障することにつながる。ただし、あくまでもファシリテーターとしての役割を逸脱しないことが重要である。

第4節　本章のまとめ

　本章では、運動の意味生成を支える学習形態としてワークショップ形式の授業づくりを提案した。また、実際に実践した授業を分析した結果、かかわり、かかわり合い、そして、コミュニケーションへと拡がることが明らかとなった。すなわち、「学習評価としてのコミュニケーション」は、運動の意味を解釈することを通して、授業における諸要素とのかかわりを深め、運動の意味生成を促進していくものであることが見いだされたのである。

引用・参考文献
チクセントミハイ（2003）今村浩明訳：楽しみの社会学．新思索社．pp.65-92.
古賀泉（2002）2年 ボールゲームの授業．こどもと体育．Vol.122．光文書院．pp.6-13.
文部省（1999）小学校学習指導要領解説体育編．東山書房．
中野民夫（2001）ワークショップ―新しい学びと創造の場―．岩波新書．
佐々木功（1984）ゆっくり走れば速くなる．ランナーズ．

第12章
メディアポートフォリオの活用

第1節　新しい学習評価としての「メディアポートフォリオ」

　1970年代の米国では、子ども達の学力低下の状況に対し、学校の国民に対する「説明責任」が問われ、テストへの依存が高まっていったといわれる。しかしながら、「標準テスト」で良い成績をおさめたとしても、学校の中だけでしか通用しない特殊な能力だけを評価してきたに過ぎず、生きて働く学力を形成したという保障にはならないのではないかという疑問や反省が教師側から叫ばれていった（西岡, 2003, p.43）。それは、数値化による得点にこだわり、子どもの学習の過程に関する評価が疎かにされ、"評価の結果を指導に役立てる"とはいいつつも、実際は成績「証明」機能しか果たさなかったからともいえる（高浦, 2000, p.35）。また、Hopple（2005, p.12）は、体育の「伝統的な評価、フィットネステスト、標準化された評価」を"contrived"な評価であるとし、不自然な評価であるとしている。これは、「『断片的な事実や技能を蓄積し再生する』という学習観から、人は『有意味かつ目的的な文脈の中で、既知の事柄と学ぼうとしている事柄とを結合することによって学習する』といった新しい理論に基づく学習観へと転換が図られた」（高浦, 2000, p.25）ためと考えられる。すなわち、知識や技能の獲得が「場面」あるいは「文脈」に相当する「社会的な相互作用」を介して行われるものであり、知識・技能を標準化した問題においてよりも、「現実的な世界」の課題に関与させることによって、子どもの能力や作業実績をより豊かに、より正確に評価し、個々の子どもにとって真に有益な指導方策を開発しようとする学習観である（高浦, 2000,

p.25)。したがって、子どもの学習という出来事には教師の指導が不可欠であり、学習も指導も評価という営みを内包しながら、そのプロセスを生み出していくことに「社会的な相互作用」が働き、「現実的な世界」を生み出しているといえる。つまり、このことは、Puckettら（1994）が"seamless assessment process"と表現するように、学習と指導と評価が一体となっていなければならないことを示唆しているといえよう。

このような学習観の転換に伴って、学習において「現実的な世界」の課題に取り組ませる中で、子どもを評価していく新たな評価のあり方としてオーセンティックアセスメント（真正の評価）の必要性が叫ばれ、具体的な方法が開発された。そして、オーセンティック・アセスメントの典型的な評価法として、ポートフォリオ評価法が注目されている。

第2節　体育授業におけるオーセンティック・アセスメント

（1）オーセンティック・アセスメントとしてのポートフォリオ評価

伝統的な評価とは、「①教師が教える→②それに従って、子どもは学習していく→③子どもの学習の結果を評価する」という、学習と指導と評価の分離型の一方向的な評価モデルであった。一方、前章までに、「学習と指導と評価の一体化」が重要であることを示唆するとともに、これらがコミュニケーションの中に看取ることができるとし、これを「学習評価としてのコミュニケーション」と称している。すなわち、Puckettら（1994）が述べる「オーセンティック・アセスメントの過程は、発達、学習、授業、そして評価は、進行中の、継続的な、相互関連的なものであり、しかも、すべては、同時的に生起するものとして考えられる」という指摘と合致するものである。

このようなことから、ポートフォリオ評価法においては、教師の指導と子どもの学習活動、そして評価活動とが、その最初から最後まで、お互いに離されがたく結びついた、図12-1のような三分岐融合型の評価モデルが採用されている（高浦, 2000, p.43）。これは、常に、学習と指導と評価は一体であり、

〈伝統的な評価の過程〉

教える ──────▶ 学ぶ ──────▶ 評価する

〈真正の評価の過程〉

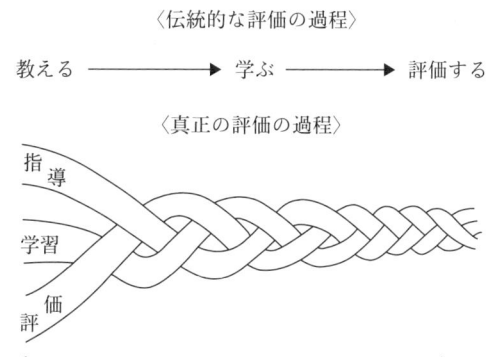

指導
学習
評価

（M. B. Puckett and J. K. Black, Op. cit., p.34.）

図12-1　伝統的な評価の過程とオーセンティック・アセスメントの過程

同時に行われているということである。このような考え方に基づき実践されているポートフォリオ評価法は、教授─学習の過程と成果が、その流れに沿って、"まるごと"記録として収められていく評価活動であるといえよう（高浦, 2000, p.43）。

Rink（2006, p.282）は、ポートフォリオを"The portfolio is a representative collection of a student's work over time."と定義づけている。つまり、時間の継続性のある典型的な子どもの学習成果の収集をポートフォリオと主張しているといえ、これは、学習の事実の収集による履歴づくりともいえるであろう。また、Schiemer（1999）は、日々の授業におけるポートフォリオを"Working Portfolio"とし、1年間の学習成果としてのポートフォリオを"Cumulative Portfolio"としてポートフォリオを大きく2つのタイプに分類している。前者は、学習に生かすための評価として、後者は、保護者への説明責任を果たす上で活用されていっているといってよかろう。

（2）体育におけるポートフォリオ評価のデータ

身体をまるごと投企して、学習を展開していく体育では、主な学習の成果として知覚される情報は、Performanceといえる。しかし、それゆえに、単にPerformanceの結果を記録するだけでは、「いま─ここ」における状況と文脈

を捨象してしまい、Performance を単なる動きとして捉え、「社会的な相互作用」によって生まれる Performance を見逃す恐れがある。つまり、結果主義に陥り、過程を軽視してしまう可能性があるといえる。そのため、Graham（2001, p.181）が体育教師の中には、子どもが特に興味のある課題についてエッセイやレポートを書かせる機会を好んで実施するものがいると示唆するように、体育の学習内容である「運動・技能」「態度」「学び方」を学習していく上では、単に動きを評価するだけでは不十分であり、学習カードによる感想の記入等でそれらを補う傾向にあった。しかしながら、このような評価では、動いている体と運動に向かう心を連関しているに過ぎず、運動している私の"体"と"心"を分離して捉えていることを前提にしている。そのために、ある状況を切り取り、子どもと教師のかかわり合いによって生起している状況と文脈の中でのまるごとの評価を困難にする。これは、単にポートフォリオがファイリングに過ぎない状況であるためともいえよう。西岡（2003, p.55）は、この点を克服し、蓄積したデータを活かした指導を行う必要があるとしてし、次の3点を指導上の配慮事項として挙げている。

① 教師が作品を評価する中で、子どもの学習実態を具体的に把握すること。
② 作品を整理する活動などを通して、子どもにも自分の学習の実態について考えさせること。
③ 作品について話し合い（検討会）をすることで、子どもの自己評価力を育成すること。

西岡が述べる作品とは、体育の場合、Performance ということになるであろうが、この場合の Performance とは、単なる動きを指すのではなく、授業における「社会的な相互作用」によって成立しているかかわり合いによって生まれている運動といえる。すなわち、蓄積したデータを通し、運動の世界という状況と文脈の中から子どもの学習を教師と子どもが、自己評価していくと同時に、自らが感じていた運動の感じを他者の目として評価し、学習実態を把握していく。これらを前提として話し合いの活動を設けることで、子ども自身が学び方を身につけていく上での自己評価力を育成していく必要がある。これら

を具体化する上では、評価のよりどころとなる情報が鍵となる。

すなわち、ポートフォリオ評価法では、蓄積していくデータを何にするのか、そして、どのように収集するのかが重要な視点となる。また、ポートフォリオ評価は、データを収集する上で、その所有権によって3つの種類にわけられる。

(3) ポートフォリオ評価の種類

第1に、規準準拠型ポートフォリオである。このタイプは、予め決められた評価規準を教師が提示し、検討会では、あらかじめ用意されていた評価規準と照らし合わせて子どもの到達度を評価し、子どもの自己評価を聞きつつ、教師の評価を子どもに伝え、次の目標を明瞭にするために対話していくものである。

第2に、規準創出型ポートフォリオである。このタイプは、教師と子どもが共同で、交渉しあいながら、評価規準を考え、創出していく。検討会では、教師はあらかじめ一定の評価規準を持っているものの、数多くある評価規準のどれを適用するかについてはその時点での子どものニーズや希望と相互に照らし合わせつつ決定される。これは、教師と子どもが対話する中で、その後の展開を柔軟に考えていくポートフォリオである。

第3に、最良作品集ポートフォリオである。このタイプは、子ども自身が自分なりの評価規準を設定し、自己アピールするために作られるものである。検討会は、子ども主導で行われ、"Working Portfolio"の中から、特に気に入った作品を取り出して作った"Cumulative Portfolio"についての話し合いや、保護者への報告会といった形をとる。

規準準拠型ポートフォリオでは、予め用意されていた評価規準と照らし合わせて子どもの到達度を評価する点では、伝統的な評価プロセスと同様である。しかしながら、子どもの自己評価を聞き、教師の評価を伝える対話的な営みが評価行為に含まれることから、子どもの側の「努力を認めてもらえない」という体育の評価の問題点を解決できる可能性がある。また、子どもと教師が対話をして目標を明確にすることは、方向性や成果を確認するには有効である。

このようなことから、国立教育政策研究所（2003, pp.323-263）の「体育における授業と評価の実践」でも、ポートフォリオを活用し、評価を次の指導に生かすという指導と評価の一体化を試みている。これは、規準準拠型のポートフォリオであり、教師によって創られたルーブリックに基づいて、教師によって評価をする実践となっている。

一方、梅澤（2005, p.118）は、国立教育政策研究所の「体育における授業と評価の実践」について、学習者自身が評価を次の学びに生かすというポートフォリオ評価本来の意図から外れていると述べ、体育に生かすためのポートフォリオ評価が間違った情報として伝達されかねないとしている。そして、梅澤（2005, p.125）は、ルーブリックや相互評価をもとに自己評価を蓄積するポートフォリオ評価が、ルーブリックを教師と学び手で共有し対話から修正するといった、学び手の評価への参画によって、自己評価の客観性が高まり、学び手は教師によって統制されることなく、仲間と協力する中で主体的に高まろうとする学びを推進することができたことを明らかにしている。また、梅澤（2005, p.126）は、ポートフォリオ検討会では、対話の中で、作戦や作戦の創出手段を共有・交換する姿が見られた。このことが、単元後半に大いに生かされたことから、全体での相互評価の場面（ポートフォリオ検討会）が学びの深まりや広がりに対して有効であることを明らかにしている。

木原（2005, pp.22-27）も、評価の規準をすり合わせたことにより、子ども達の自己評価の信頼度が高いものとなったとし、このことを通して授業の目標を教師と子どもが確認するポートフォリオ評価法は、教師の教えと子どもの学びを結びつける効果があるとしている。さらに、授業で生み出される映像や学習カードという具体的な作品の良し悪しを授業の中で子どもと対話することから設定した評価規準を問いなおすアプローチの方が教師と子どもを励ます評価法ではないだろうかとしている。

すなわち、評価規準の内容を教師と子どもの中で共有し作成することは、評価規準と個人内評価の溝を埋めるものとして有効である。また、その内容も柔軟に対応できるならば、体育の「評価の観点が能力評価となっている」という問題点も改善できる。つまり、教師の思いや願いと子どもの思いや願いのすり

合わせによって、学習の方向性が決められるために、「社会的な相互作用」によって「現実的な課題」が生まれるといえる。

梅澤や木原の研究実践は、このような規準創出型のポートフォリオといえる。特に、ポートフォリオ評価における検討会でのルーブリックの創出場面に焦点を当てている。教師と子どもが共同で交渉しあい、評価規準を考えながら作り、教師と子どもが対話する中で、作戦や作戦の創出手段を共有し、その後の展開が図られたことから、体育において、ポートフォリオ評価法が有効であることを明らかにしている。この梅澤と木原のポートフォリオ評価法の共通点として「①ルーブリックづくりに中心がおかれている。②子どもの作品は、自己評価を含む学習カードが中心である。③体育における教育評価の客観性を高め、信頼性のあるものとした、説明責任に向けた取り組みである。④戦術を含む技能評価に着目する傾向がある。」といった4点を挙げることができる。

ポートフォリオは主として教師と子どものすり合わせによって作成された評価規準によって自己評価の根拠として活用されている。したがって、評価規準と個人内評価の溝を埋める評価として非常に有効ではあるが、最終的には「できる・できない」を基に、自己を価値づけなければならない。すなわち、ルーブリックが「場面」や「文脈」と乖離し、断片的な運動パフォーマンスの獲得へ方向づけてしまう可能性がある。そこで、ルーブリックそのものを「場面」や「文脈」の中で意味を随伴させて生成していく必要がある。

また、体育でのパフォーマンスは身体を通した活動が中心であり、それが重要な収集していくデータとなることを考えると、学習カードを中心にしたものでは、その「場面」や「文脈」が見えにくいうえ、文章による表現力の差がそのまま評価される可能性があり、真正性が問われる。

さらに、蓄積した作品を一定の系統性に従い、並び替えたり取捨選択したりして整理する場面を設定するアセスメントポートフォリオは、最も重要な自己評価であり、木原や梅澤は、ポートフォリオ検討会として単元の中で行っている。この検討会が説明責任に向けての評価としての機能を発揮している。しかしながら、対話を通し、運動の世界における自己の像をイメージすることが求められ、話し合い活動で、それを想起させることができる検討会にしていくこ

とは非常に困難である。

　その上、収集されているデータは技能重視といえる。これは、体育における中心的な活動が身体的な活動であるゆえんであろう。しかし、そこから派生するものには、さまざまなものがある。同じプレイの中にいても一人ひとりの状況と文脈が違えば、その解釈も違ってくる。そこに意味が生成されるのであるから、評価規準やルーブリックはそれらを含むようなものであるべきである。

（4）　新たなポートフォリオ評価の方向性

　以上のことから、これらの体育におけるポートフォリオは、子どもが評価に参加し、教師と評価規準を作成することによって、個人内評価の溝を埋めることに有効であったと考えられる。しかし、蓄積される作品は、学習カードとして感想や記録が中心であり、運動の世界が十分に評価として看取られていないこと、評価規準が集団に帰属するため、相対化された形で、最終的には「できた・できない」という価値判断によってなされてしまうことが課題としてあげられた。

　このように、最終的には、教師と子ども達によって作られた評価規準によって評価するため、それが、集団に帰属してしまい、個々の運動における「場面」あるいは「文脈」を無視する結果につながる可能性もあることも見過ごせない。すなわち、伝統的な体育の評価がかかえていた、技能的評価が重視され、ほかの学習内容がそれに大きな影響を受けてしまう傾向にあるという課題を払拭できていない。

　ところで、最良作品集ポートフォリオのように、子ども自身が自分なりの評価規準を設定することは、個人内評価を中心にしたものであるといえよう。この際、評価規準は、学習と指導が一体となった「社会的な相互作用」によって生まれる「現実的な世界」の課題によって生まれるものであり、運動の意味によって支えられる評価規準が生成されているといえる。すなわち、「学びがい」がある運動の世界といえる。その上、自己アピールのために最良作品集ポートフォリオを作成することは、自らの運動の世界がどのように再構成されたのかを自己理解すると同時に、周囲にも主張し、「新しい自分」を現実化させる道

筋でもある。つまり、学習してきたプロセスを学習した成果としてアウトプットしていくことにもなる。同時に、この評価法では、ポートフォリオ検討会を保護者への報告会といった形をとることから、アカウンタビリィティーにも応えることができる。

そこで、このようなことから学習と指導と評価を一体化させ、学習のプロセスを総体として評価していく上で、最良作品集ポートフォリオは有効であると考えられる。しかしながら、一方で、個々人の運動の意味に支えられた多様なデータを収集し、評価に生かすことができると考えられながらも、そのデータは断片的になりがちである。それは、それぞれのデータを結び付けていく「場面」や「状況」の手がかりが乏しいからといえる。これらを解消するためには、学習者自身が、自分の学習している状況を知覚することができることが最良であり、運動の世界をそのまままるごと記録していくことが望まれる。そこで、「場面」や「文脈」を視覚情報として明瞭に与えることのできるメディアは有効に活用できる可能性がある。さらに、映像データのみならず、音声や文字データを組み合わせることができるマルチメディアなデータをポートフォリオしていくことによって、これらはさらに効果的になると考えられる。

第3節　体育授業でのメディアの活用

(1) 動きの獲得のためのマルチメディアの利用

近年、学校教育でのマルチメディア利用が急速に進んでいる。1990年代中頃から導入が始まり、当初は、コンピュータを利用するスキル習得を中心に授業が展開されていたが、1990年代後半には各教科にも積極的に利用されるようになっていった。また、2000年代に入ると、その傾向は、一層強まり、体育の中での活用も行われるようになっていった。体育授業におけるこれまでのマルチメディアの活用はおよそ3つに整理することができよう。

第1に、当該単元に取り組むにあたっての興味・関心づけとしての導入での利用である。鍋山（2000）は、剣道の実技授業の導入時に映像資料を提示する

ことで、学習意欲が向上する報告を行っている。また、Hayesら（2007）は、"Incorporating Video Games into Physical Education"で学習導入時におけるビデオゲームの導入が有効であることを示唆している。これらは、自分の身体パフォーマンスを、映像やゲーム上の姿に投影し、擬似の運動世界を体験させることによって動機づけさせ、理解を促進し、パフォーマンスを向上させようという試みであるといってもよかろう。

第2に、運動パフォーマンスをデータベース化した利用である。筆者は2003年に、中学校1年生の走り高跳びの授業で、「はさみ跳び」、「ベリーロール」、「背面跳び」という跳びこし方をデータベース化したメディアソフトを活用して授業を実践している。また、筆者は1999年に、パワーポイントを使ってマット運動の技をデータベース化したソフト（第2回彩の国いきいきメディアフェスティバル；NHK浦和放送局長賞受賞）を作成し、授業実践を行っている。さらに、このようなソフトは近年、商品化され、細江ら（2001）の監修により販売されている。このようなソフトは、子ども達が運動を行う上でのモデル提示として利用してきたものといえる。すなわち、達成目標となる運動パフォーマンスをデータベース化し、子ども達の学習を方向づけてきたものといえよう。恵守（2003, p.42-47）は、マット運動の単元において、このような教育用ソフトを授業に取り入れ、一斉指導で子どもに技のポイントや練習方法、補助の仕方を繰り返し見せることによって効果があったと報告している。

第3に、動きの修正、改善に役立てるものである。例えば、子ども達の動きをVTRに撮り、それをみることによって、動きの修正に役立てる活用である。筆者は2003年に実践した中学校1年生の走り高跳びの単元において、子どものフォームを撮影し、毎時間撮りだめ、コンピュータにデータベース化し、自分自身の跳んでいる姿を映像でみせ、修正・改善していくことに役立てた。それによって子ども達は、理想と考えている動きと比較検討し、修正や調整を行い、よりよい動きを身につけようと運動を行っていった。また、同様に、目標とする動きと撮った映像を比較することによって、フィードバック情報を与え、動きの修正・改善を行ったり（藤井, 2006）、インターネットを利用して、

その映像を専門家に送り、フィードバック情報を提供して動きの修正・改善を行ったり（田邊, 2000）するという取り組みが行われている。これらの学習は、「断片的な事実や技能を蓄積し、再生する」運動学習が中心であり、「有意味かつ目的的な文脈の中で既知の事柄と学ぼうとしている事柄とを結合することによって学習していく」運動学習や認識学習が融合した運動の意味を再構成していくような相互作用的なかかわり合いの学習には不十分である。すなわち、子どもの学習と教師の指導が一体となっているとはいい難い。

（2） マルチメディアの利用方法の転換

一方で、近年、動きの獲得・定着・修正へのメディアの活用のみならず、インターネットの相互作用を利用し、遠隔地と話し合い活動や活動を共有したり、学習評価として利用されたり（梅沢, 2002, p.33；つくば市立竹園東小学校, 2003；愛川町立半原小学校, 2005）する事例も見られるようになってきている。

梅沢（2002, p.33）は体育という技能（動作）・パフォーマンスを重視する教科特性上、動画を記録し、それをもとに振り返ることが有効だと考え、活動の様子をデジタルビデオで撮影することもあるとし、VTRやビデオCDという形で蓄積したものを「デジタルポートフォリオ」と呼び、グループでの工夫の様子やメンバーの感想等も「作業実績サンプル」として同時に蓄積している（梅沢, 2002, p.33）。そして、「ビデオは、仲間や先生にいわれるより、自分の動きがよくわかる」「できるようになったことが自分で見られるのでうれしい」といった子どもの大多数の意見が「デジタルポートフォリオ」の有効性を示唆しているものとしている。

また、schiemer（1999）は、このような評価をVideo Project Assessmentと呼び、授業中に発揮した子どものパフォーマンスを見逃すことがなく、現実世界の文脈の中でパフォーマンスを収集することができ、繰り返し何度も見ることができ、有効であることを述べている。また、schiemer（1999）は、その評価が、過去と現在と未来を意味ある方向でつなぐことを支援し、複数の授業時間に渡って実践される必要があると述べている。さらに、Hopple

(2005) も、技術革新に伴う、メディア利用の簡便化によって学習評価にビデオカメラや PDA (Personal Digital Assistants)、ソフトウェアを利用することの有効性を明らかにしている。その上、Bonnie (2006) は、PDA を利用したグレーディング方法を提案している。これらは、映像をビデオカメラで記録したり、ルーブリックに基づいた評価を PDA で処理したりするものが多い。すなわち、これまでの体育におけるマルチメディアの利用は、運動技能 (psycho-motor skill) を動画で、意欲・関心・態度 (affective)、思考・判断 (cognitive) を感想や記録のデータ入力によって、ポートフォリオしてきたといえよう。したがって、それらは、使い分けることによって相互連関的に機能していたといえる。しかしながら、「社会的な相互作用」を大切にして、学習と指導を一体化させるためには、これらの分離していた評価としてのデータを分かちがたく一体化したものとしていく必要がある。そこで、コンピュータの特性である複数のデータを組み込むことができ、視覚的、聴覚的に評価情報を提示できることがこのような難題の解決への糸口を与えてくれる。本書では、以降、このような評価法を「メディアポートフォリオ」と呼び、検討していくこととする。

第4節　メディアポートフォリオ

(1) メディアポートフォリオの特徴

　古いアルバムをめくったとたん、過去の時間に引き戻され、その時の「場面」と「文脈」を思い出すことがある。そこに、見出しやそのときの気持ちが書いてあればなおさらである。まるで写真であることを越えて自分がその世界を生きているように感じることさえある。このように、過去の自分に出会うことで、自分自身のことで新たな発見をしたり、認識が深まったりする。そして、それが、これからの自分の新たな一歩を踏み出すエネルギーになることもある。体育の学習でいえば、「なりたい自分を見つけていくといった自分探しとしての学習」(佐伯, 1995) のプロセスにおける運動の意味の再構成ともい

える。つまり、このようなメディアの持つ要素を学習でも転用可能であると考えられる。しかしながら、近年の体育におけるメディアの活用は、運動の意味を捨象したかたちでの運動学習の支援が中心であったといえる。また、岡本（2004）は、動画情報を撮り貯めていくデジタルポートフォリオを無線LAN機能付きデジタルカメラとUSBメモリの活用により、学習カードと併用して手軽で簡便な利用方法を提案し、これが効果的な運動学習に役立ったことを報告している。

　しかしながら、このようなメディアをポートフォリオに利用する試みでは、映像となって残される外側から把握される身体は、体の動きを修正・改善していくために科学的に利用される身体であり、市川（1992, p.85）が述べるように、さまざまな意味を捨象することによって成り立っている。一方で、市川（1992, p.85）は、外側から把握する身体が具体的生の中であらわれるかぎりにおいて私の対象身体であるとし、これを"客体としての身体"と呼んでいる。そして、そのような身体について2つの特徴を述べる。第1に、他の身体や物体からの孤立であり、これが同時に他の諸存在への接近と親和の契機となるとしている（市川, 1992, p.86）。すなわち、客体としての身体によって、他者理解、自己理解を深化させていくことを意味している。第2に、私によって対象化された身体であれば、二重感覚を感じ、主体としての身体と客体としての身体、内面的身体と外面的身体とを結びつけ、融合させていくとしている（市川, 1992, pp.87-89）。すなわち、「私の手で私の足にさわるとき、私は私の手が足にさわるのを感じるのと同時に私の足が手にさわられていることを感ずる」（市川, 1992, p.88）という二重間隔を感じる。つまり、動画情報を見たときに「見る—見られる」関係が成立しているということになる。それは、現在の私が過去の私を見、過去の私が現在の私を見、その関係性において未来を見ていくことになろう。これを支えているのは運動の意味であり、第4章で述べたように、運動する感じをベースにしていくことになろう。したがって、メディアポートフォリオが、運動の意味生成に機能していくともいえる。そして、学習指導要領（文部省, 1999a；文部省, 1999b）で述べるところの「心と体を一体としてとらえ…」といった心身合一体として運動に関わっていくこ

とにもつながると考えられる。

　すなわち、マルチメディアを活用し、動画情報を中心にしてデータをポートフォリオしていくことは、学習の道筋を生み出すことに大きく影響し、それは過去を意味づけ、パースペクティブを与え、「いま―ここ」の私が運動することを支えているといえる。このようなことから、メディアポートフォリオは、"主体としての身体"を大切にした過去・現在・未来をつなぐツールとならなければならない。それは、時間的な拡がりから子どもの学習を支えるといった点から時間性を特徴にしているといえる。

　ところで、これまでに、「目標にとらわれない評価」の重要性を述べ、子どもの「秩序」や「勢い」がシェアリングの中から生まれ、それが「めあて」や「ねらい」として表出すると述べている。メディアポートフォリオは、記録することができると同時に、デジタルデータとしての取り込みを可能にしているために、他者とのシェアリングも容易である。教師は、子どもの映像を繰り返し見ることが可能であるし、それを保護者にもフィードバックすることも可能である。また、子ども達も仲間の映像を視覚することが可能である。このように、これまで、グランド、体育館、教室という限られた世界の中での学習に拡がりのある対話を生み出し、学習の方向性を生み出すことを可能にする。同時に、他者とのシェアリングを積極的に行うことができるので、共通了解が促進され、集団内了解が生まれると考えられる。つまり、対話状況を生み出すことによって、評価規準が生成されていくと考えることができる。したがって、他者との空間的拡がりのあるかかわりの中で、これはエビデンスとなり、学習と指導のアカウンタビリティとして機能していくものである。すなわち、それは空間的拡がりから子どもの学習を支えるといった点から空間性を特徴にしている。

（2）メディアポートフォリオの必要条件

　そこで、時間性と空間性からメディアポートフォリオについて検討してみることとする。伝統的な評価やスキルテストは、断片的な知識や技能を見るものであり、それは結果を重視するために、時間性は低い。そして、個別の結果はシェアされるというよりは、相対化されやすいために、個で完結してしまうこ

とが多い。すなわち、空間性も低いといえる。また、授業中に利用される学習カードや通知表による評価は、形成的に記録を残していくことはあるが、過去はあくまでも比較対象である点において、時間性は低いといえる。

一方で、学習カードをグループで共有したり、教師や保護者にフィードバックしたり、通知表を保護者に返して、フィードバックを得る場合など、空間性を高める工夫など行われている。

さらに、ポートフォリオ評価や岡本ら（2004）のデジタルポートフォリオは、現実世界での課題におけるパフォーマンス発揮を対象にしてそれを収集し、蓄積していくという特徴から、それは時間性が高いといえる。そして、そのポートフォリオを仲間や教師と共有することも可能であり、ある意味、空間性も高いといえるが、身体活動を伴う運動における世界の状況と文脈に他者が身を置くことが難しく、メディアポートフォリオに比して、その空間性は低いといえる。なぜならば、メディアポートフォリオは、"主体としての身体"を前提とし、"客体としての身体"を視覚化するという特徴から、他者が共感しやすい状況に身を置くことができ、シェアリングが促進されるといえるからである。つまり、メディアポートフォリオは、空間性が高いといえる。このようなことから、メディアポートフォリオは、他の評価法に比べて、かかわり合いによって生み出される運動の世界を生み出しやすく、子どもの学習と教師の指導を一体化していくばかりか、保護者や地域の教育力をも巻き込むことのできる可能性を持っているといえよう。

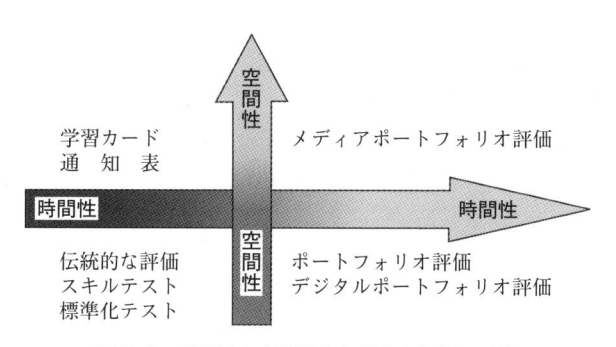

	空間性	
学習カード 通知表		メディアポートフォリオ評価
時間性		時間性
伝統的な評価 スキルテスト 標準化テスト	空間性	ポートフォリオ評価 デジタルポートフォリオ評価

図12-2　時間性と空間性から捉えた評価の分類

これまで保護者の多くは、通知表や文章でしか子どもの学習状況を知ることができなかった。つまり、「できる」とか「できない」と伝えられても「どのようにできるのか」「どのようにできないのか」という点については知ることができなかった。そして、このような状況は、保護者にとっての暗黙知として働き、「できる」「できない」で子どもの体育における運動を捉えるようになってきている。「できないよりできる方がいい」というのはその代表的な言葉であるといえよう。しかし、「できない」というのは、運動の面白さを生み出す重要な要素であり、「できない」という状況の変化が運動パフォーマンスの変化といえ、これが「現実の世界」における課題となっている。時間性も空間性も高いメディアポートフォリオでは、このような「現実の世界」における課題に保護者も含めて誘い、その「場面」や「文脈」の中でリアルな生の運動にふれることを可能にする。すなわち、保護者へのアカウンタビリティのみならず、保護者への教育参加のきっかけを生み出すともいってよい。

　また、メディアポートフォリオは、デジタルデータであるために、教師用ポートフォリオの作成も容易であると考えられる。米国の体育教師の教師用ポートフォリオを見せてもらうとその厚さに圧倒される。授業に向かうにあたっての指導案、実施後の反省、子どもの評価シート等々、授業にかかわるシートや収集したデータがファイリングされている。メディアポートフォリオでは、これらがデジタルデータとして収集されているため、それを整理しやすく、その整理していくプロセスそのものが教師のリフレクションとなり、さらに、それを子どもにフィードバックして共有化していくことも可能にする。すなわち、教師の指導と子どもの学習がメディアポートフォリオの共有化を通して一体化し、質的な授業改善へとつながるといえる。

　このようなことから、メディアポートフォリオには次のような条件が備わっている必要があるといえる。第1に、短期間の取り組みではなく、長期間に渡り、継続的に授業に導入されていく必要があるということである。これは、過去・現在・未来をつなぐ評価として必要不可欠である。第2に、動画情報のみならず、感想や記録、その時の状況など複数のデータを組み合わせて取り込むように配慮すべきである。これは、メディアポートフォリオが単に「動き」の

修正・改善やエビデンスに終わらないためにも必要である。第3に、メディアポートフォリオに取り込んだ、データを自己評価して、容易にアセスメントポートフォリオを作成できるように配慮しなければならない。第4に、シェアリングを促すシステムの導入が必要である。教師、保護者、子ども間でのシャアリングを促し、評価規準を生成し、自己評価力を高めていく工夫が必要であるといえる。最後に、もっとも重要である要素かもしれないが、簡便化の必要がある。メディアポートフォリオは学習と指導とともに機能するツールであるが、あくまでも学習が中心である。それを阻害するようなツールであっては決してならない。誰もが手軽に利用できるものでなければならない。

第5節 本章のまとめ

以上、本研究では、オーセンティック・アセスメントであるポートフォリオ評価の実践可能性を検討し、身体活動を伴う体育の教科特性からメディアを導入する有効性を見いだすことができた。また、単にメディアを評価情報として提示するだけではなく、マルチメディアとしてデータをポートフォリオすることによってさまざまな利点を明らかにすることができた。すなわち、学習と指導が一体となる学習評価としての実践可能性を提起したといえる。このような考察から、体育の学習と指導を一体化していく評価としてメディアポートフォリオ実践における視点を以下のようにまとめることができる。

① メディアポートフォリオに最高作品集ポートフォリオの手法を取り入れることで学習と指導と評価が分かちがたいものとなり、プロセスを大切にした評価となる。

② 情報は断片的なものではなく、マルチメディアの特性を生かした一体化したものになることによって、学習と指導の「場面」と「文脈」を損なわない評価をすることができる。

③ メディアポートフォリオは、"主体としての身体"を大切にし、"客体としての身体"を介在化させた過去・現在・未来をつなぐツールとなること

によって、学習にも指導にも有効に活用され、心身合一体としての身体があることによって学習と指導が一体化される。
4) メディアポートフォリオは、時間性と空間性が高く、学習と指導を一体としたかかわり合いによって生み出される運動の世界を生成しやすい。
5) メディアポートフォリオは、学習と指導の一体化のみならず、親の教育参加の契機ともなる。

以上のことから、メディアポートフォリオを授業で活用し、それを子ども、教師、保護者等で共有していくことによって、学習と指導の一体化が促されるといってよい。

引用・参考文献

Bonnies S. (2006) Handheld Technology and Video-Based Leaning: Tool for Physical Education Classes in the 21th Century. 2006 AAHPERD National Convention. General Session. (2006/4/28)

Graham, G. (2001). Teaching children physical education: becoming a master teacher. Human Kinetics.

Hayes, E. & Silberman, L. (2007). Incorporating video games into physical education. JOPERD. Volume78. Number3.

Hopple, C. (2005). Elementary physical education teaching & assessment: a practical guide. Human Kinetics.

Puckett, M. B & Black, J. K. (1994). Authentic assessment of the young child: Celebrating development and learning. New York: Macmillian.

Rink, J. (2006). Teaching physical education for learning. New York: McGraw-Hill.

Schiemer, S. (1999) Assessment strategies for elementary physical education. Human Kinetics.

愛川町立半原小学校(2005) ポートフォリオ評価を活用した体育の学び―健康者・スポーツ者・表現者の育成を目指して―. 松下教育研究財団第30回実践研究助成報告書.

惠守孝二(2003) 仲間と豊かに関わり合い、高め合う体育授業―仲間と作るマット運動―. 埼玉教育, No.651. pp.44-47.

藤井洋一(2006) 映像システムの有効性と活用の可能性. 第2回埼玉県体育学会大会. 一般発表資料(2007/12/3).

細江文利・池田延行監修(2001) 小学校マルチアングル器械運動. TDKコア株式会社.

市川浩(1992) 精神としての身体. 講談社.

木原成一郎（2005）特徴ある評価方法を活用して．体育科教育：第52巻第7号．大修館書店．

国立教育政策研究所（2003）ポートフォリオ評価を活用した指導と評価の改善に関する開発的研究．

文部省（1999a）小学校学習指導要領解説体育編．東山書房．

文部省（1999b）中学校学習指導要領解説保健体育編．

鍋山隆弘（2000）剣道実技の授業展開における映像可能性．筑波大学論文集．大学体育研究．第22号．

西岡加名恵（2003）教科と総合に活かすポートフォリオ評価法．図書文化社．

岡本育夫・成田滋・長瀬久明・岸敬三・宗陽一郎（2004）体育科における動画・無線LAN機能付きデジタルカメラとUSBメモリの有効活用．兵庫教育大学 平成17年度プロジェクト研究中間発表会．学校教育センター 情報メディア教育研究部門（2004/11/6）．

佐伯胖（1995）文化的実践への参加としての学習．佐伯胖・藤田英典．佐藤学編：学びへの誘い．東京大学出版会．

高浦勝義（2000）ポートフォリオ評価法入門．明治図書．

田邊潤（2000）陸上部，バレー部の選手の悩みに答える．体育科教育．第48巻第6号．大修館書店．pp.54-56．

つくば市立竹園東小学校（2003）情報ネットワークを活用したデジタルポートフォリオ評価の実践．松下教育研究財団第14回研究賞報告書（理事長賞）．pp.9-11．

梅沢秋久（2002）体育でのポートフォリオ評価．体育科教育．第50巻第11号．大修館書店．

梅澤秋久（2005）「評価から学びへの連動」のためのポートフォリオの有効性に関する研究―小学校の体育学習を通して―．

第13章

本書のまとめ

　「学習評価としてのコミュニケーション」とは、体育授業における「学びの継続」にとって大切な要素であることが明らかになった。「学習評価としてのコミュニケーション」は、子どもの学習と教師の指導を互いの総体として組み替えていくことによって機能していく。これまでの学習評価は、主に子ども達の動きとしての表象を中心に評価してきた。そのために、価値判断としての側面が強く、外発的動機づけとして機能する傾向にあった。もちろん、このような位相は、学び（学習と指導を含む）の中には、存在する。問題は、価値判断としての評価が、本来は、「学習評価としてのコミュニケーション」に包括される概念として捉えられなければならなかったにもかかわらず、価値判断としての評価が評価の代名詞となり、その部分ばかりが強調されてしまったことにより、コミュニケーションの中に埋め込まれている意味の解釈としての評価概念が希薄になってしまったことである。しかしながら、本書の検討で明らかになったように、体育における学びが豊かとなるために、すなわち、運動の意味を生成し、かかわり合いを豊かにする上で、「学習評価としてのコミュニケーション」という位相が働くことが明らかになった。その関係を、図13-1で示す。

　学習と指導という学びは、円環している。これまで体育では、ゴールを設定し、そこに向って一方通行の学習が展開され、一方通行になるように仕組まれていた。しかし、運動に意味付与していくということは、運動にかかわる自己を関係性の中で自己組織化していくものであり、運動と私との関係作りを行っている。すなわち、「学習評価としてのコミュニケーション」を評価としてとらえ、主観を大切にした意味解釈としての評価という位相を認めるということ

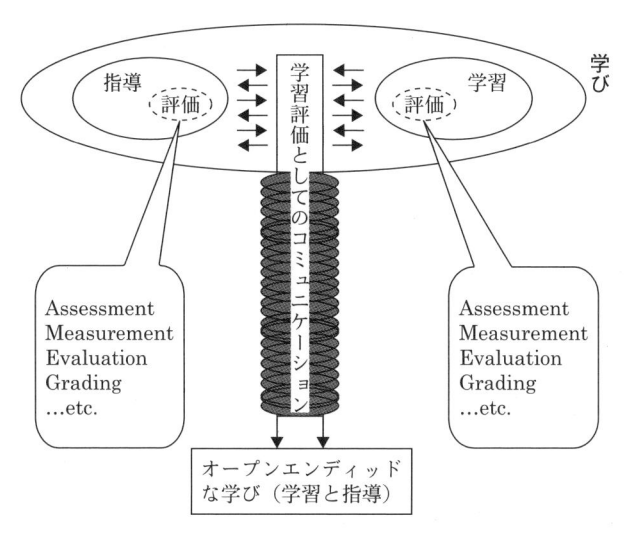

図13-1 「学習評価としてのコミュニケーション」と指導と学習

は、学習と指導と評価が本質的に一体化していくことをも意味している。このような検討から、「学習評価としてのコミュニケーション」は方法でも内容でもなく、学習の経験そのものであることが明らかとなる。そして、これらの表れの一形態としてgradingやevaluationやassessmentがあったといってもよい。したがって、「学習評価としてのコミュニケーション」が運動の意味解釈によって生起し、意味生成のあり様によって従来主張されてきたような評価方法の枠組みが援用されていたといえる。したがって、これまでの評価論はその方法論ばかりを追ってしまい、密接なかかわりのある「学習評価としてのコミュニケーション」という位相を希薄にしてきた。そのため、問題点で指摘したように本来の教育的機能を見失ってしまったのではなかろうか。本書では、「学習評価としてのコミュニケーション」を明らかにすることを目的とする中で、従来の評価をも内包しえる新たな評価観を提示することができた。その結果、「学習評価としてのコミュニケーション」という視点に立った場合に、以下のようなことが明らかになった。

・「指導と評価の一体化」としてではなく、「学習と指導と評価の一体化」として評価のありようを捉える必要がある。

- 教師として評価の方法論を獲得する以上に、「学習評価としてのコミュニケーション」の中で評価する身体として子どもとともに授業という場にあることそのものを目的とし、再認識する必要がある。
- 「目標にとらわれない評価」という評価は、「学習評価としてのコミュニケーション」を作動させる大きな手がかりになる。
- ワークショップ形式の授業において働きかけ、働きかけあうといったかかわり合いの中で学習を豊かにしていく。それは、状況と文脈によって規定された運動の意味を生起し、私の運動生活を拓いていくことにつながる。

このように「学習評価としてのコミュニケーション」は授業における評価を見る新たな窓口を提示し、授業実践上の手がかりとなりえると考えられる。したがって、それはシステムの一役割を担うというよりも授業というシステムを作動させるエネルギーとなるといえよう。

本書では、パラダイム転換に伴う新しい評価のあり方を示した。今後、授業実践を通し、体育科の存在意義を問う中で、本書で示した理論的枠組と一体となった授業実践を近めていく必要があろう。今後、実践の中で、教師がどのように「学習評価としてのコミュニケーション」という考え方を導入させ、授業づくりを簡易に行うことができるかを考えることは、よりよい体育授業を目指す上で重要であると考える。そこで、本書をきっかけにして具体的な実践研究への取り組みが増加し、よりよい体育授業を目指した取り組みが数多く展開されることを期待している。

あとがき

　まず、本書の執筆を許諾し、御支援頂いた大学教育出版代表取締役の佐藤守氏に深く感謝の意を表したい。

　本書を書くことを決めてから、書き終えるまでに随分と時間をかけてしまった。その間、大学教育出版関東営業所の佐藤宏計氏には、大変ご迷惑をおかけし、編集作業等を遅らせてしまったことを深くお詫びしたい。また、原稿の入稿が遅れる旨、連絡をした際には、励ましのメールを頂き、本当に嬉しかったことを記憶している。この本が今、こうやって出版されるのも佐藤さんの協力なしにはありえなかったと思う。この場を借りて感謝申し上げたい。

　本書の内容は、筆者自身が、修士課程・博士課程の学びを一旦まとめ、次への第一歩の礎となる学びの履歴である。本書を書きながら、大学院時代の自分が思い返された。大学院時代といっても、筆者は、教員としてその研究を進めてきた。修士課程の2年と博士課程の1年間を小学校教員として、そして博士課程の3年（1年間修了が遅れた為）を大学教員として過ごした。また、この6年間で小学校2年生以外の小学校1年生から中学校3年生までの授業を授業者として経験することができた。ベトナムに行った時は、ベトナムの小学生を対象に授業を経験することもできた。このように、二足の草鞋を履きながらの6年間は、両親そして妻や娘の理解なしには、あり得なかったことだと思う。働きながら博士課程に進むことを決めた時、妻と娘に「3年間で学位を取るまでは、平日の夜、土・日は研究したい。」とお願いをした。二人は、そんな筆者を叱責するどころか、応援してくれた。きっと状況と文脈の中で、二人は、筆者の学習の意味を解釈し、かかわってくれていたのだと思う。お陰で、筆者は、実践を通して研究を進めることができた。そして、むしろ妻と娘と一緒に

過ごす時間を大切にできるようになっていったように思う。そのためか、時間的には厳しかったが、実践をしながらの研究はとても充実したものであった。実践は何よりの研究であり、教師は研究者でもあることを強く実感した。

　元々筆者は、大学時代には、大学院で教育学を学び、その後に学校の教員になろうと考えていた。しかし、当時、厳しかった教員採用試験を運よく突破し、両親の強い勧めもあり、教員へと卒業後の進路を決めた。この時、両親の勧めがなければ、今の筆者はないと思う。筆者は、それまでは教育学を専攻しており、子どもの学習や教師の教育という問題を考えてはきたものの、研究として体育は取り上げてこなかったからである。体育というものに真に向き合えたのは、学校教員になって体育授業の中で子どもの姿に出会ったからである。子どもとともに、筆者の体育教員としての学びはある。そこに生まれている子どもとともに創造されていった学習が筆者の研究成果であり、教育である。したがって、本書も、実践の中でそれを実践知として書いてきた。筆者は「理論」と「実践」は、分離したものではなく分かちがたいものであると考えている。そのため、体育授業を対象とした本書がもし、実践なき言葉で書かれるならば、それは不毛な内容であると考えている。なので、実践に根付いた言葉で、本書は書かれていると考えて頂きたい。

　それが、できたのも、大学時代に「研究したい」という強い考えを持っていて、「研究するには大学院」と考えていた筆者の学習の意味解釈をし、「教員への道」を勧めてくれた両親のお陰と感謝している。なぜならば、実践者として体育という教科に出会い、学習者としての子どもに出会うことがなければ、本書は生まれなかったからである。

　本書を振り返り、筆者自身が自分のこれまでの学びの履歴を意味解釈してみると、両親なしには、「いま─ここ」の自分の学びの充実感はないように感じる。父は昨年で、職を退き、今、自宅で母とともに、散歩、ゴルフや農作業に楽しんでいる。働いている時以上に充実した時間を過ごしているような気がする。母は、地域のコミュニティの中でたくさんの仲間に囲まれ、今まで以上にプレイに忙しい毎日を送っている。この二人の教育という学びの支援に支えられ、筆者は変化し、本書は出来上がったといってもよい。

私は、この両親に感謝し、本書を、父と母に捧げたい。そして、これからも、一研究者として研鑽を重ね、体育授業との多くの出会いの中で、自分の学びの履歴としてストーリーを刻み込み続けていきたい。

　最後に、本書は、筆者の博士論文を基盤としている。博士論文を作成するにあたり懇切丁寧にご指導頂いた、埼玉大学名誉教授藤巻公裕先生、東京学芸大学教授細江文利先生、埼玉大学教授坂西友秀先生には深く感謝申し上げたい。また、博士課程進学のきっかけを与えてくれた修士課程時代の恩師でもある現順天堂大学教授青木眞先生にも深く感謝申し上げたい。

　さらに、本書第12章で概説した「メディアポートフォリオ」は（株）日本ナレッジ代表取締役藤井洋一社長とともに共同研究で開発してきたものである。藤井社長なしにはこのツールは生まれなかった。この場を借りて深く感謝申し上げたい。

2008年2月

鈴木　直樹

■著者紹介

鈴木　直樹　（すずき　なおき）

1971 年　埼玉県に生まれる。
1995 年　埼玉大学教育学部卒業後、埼玉県内の小学校教員。
2003 年　上越教育大学大学院修了。
2007 年　東京学芸大学大学院連合学校教育学研究科修了。

現　職　埼玉大学教育学部准教授（2004 年より勤務）
学　位　博士（教育学）

体育の学びを豊かにする「新しい学習評価」の考え方
―学習評価としてのコミュニケーション―

2008 年 4 月 18 日　初版第 1 刷発行

■著　者――鈴木直樹
■発 行 者――佐藤　守
■発 行 所――株式会社 大学教育出版
　　　　　　〒700-0953 岡山市西市 855-4
　　　　　　電話（086）244-1268　FAX（086）246-0294
■印刷製本――サンコー印刷㈱
■装　丁――ティーボーンデザイン事務所

Ⓒ Naoki Suzuki 2008, Printed in Japan
検印省略　落丁・乱丁本はお取り替えいたします。
無断で本書の一部または全部を複写・複製することは禁じられています。
ISBN978－4－88730－823－7